KUWEI

酷威文化

图书　影视

给快节奏时代的
简单哲学

〔英〕阿兰·斯蒂芬 著

王亚庆 译

四川文艺出版社

目 录

Contents

前　言

对真理的探索

现代生活的节奏有时让人眼花缭乱，因此腾出一些时间来思考和回顾我们的想法很重要。据称苏格拉底（Socrates，前469—前399）在关于神谕的问题上曾经断言："只有那些知道自己智慧一文不值的人，才是最有智慧的人。"

换言之，那些承认自己实际上什么都不知道的人，才最有智慧；因为他们知晓自己并不比其他人更有智慧。对真理不断探索和不断提出问题，是哲学真正的目的所在。

对于许多业余的哲学家（armchair philosopher）来说，这本书的题目看上去是互相矛盾的——"哲学"和"快节奏"。然而，哲学本身就是对知识进行积极的、"经过深思熟虑的"追求。对于如何实现哲学的人生这一问题，先哲们都说了些什么呢？

• 亚里士多德（Aristotle，前 384—前 322）倡导闲暇的理念。他认为只有明智的柏拉图构想中的"哲学王"，才有能力进行有道德的生活。

• 柏拉图（Plato，前 427—前 347）在《理想国》中称呼防御敌人、保卫国家的人为"护国者"，他提到如果他们真的有用，就不能期望他们有多努力工作。

想象一下，柏拉图和亚里士多德一起在吕克昂学园①闲逛，互相比较胡子的长短，两个人都眉头紧锁，思考着这一切的意义，这样的画面一定很可爱。

那么，对于今天这个忙碌时代的人来说，他们有时间学习哲学吗？你是否经常听到人们抱怨"一天之中的时间根本不够用"？

未经审视的生活不值得过。

——苏格拉底

---

① 亚里士多德创办的学习场所，建立于公元前 335 年。

　　"哲学"一词，毫无疑问来自古希腊。词根"philo"是指"喜爱"或"关注"，而"sophos"是指"明智的"或"智慧"。因此，哲学家就是喜爱并关注智慧和知识的人。然而，标准词典中对"哲学"的定义是"研究知识、现实和存在的根本性质"，例如，努力去探索人生的意义：我们是谁，以及我们为什么在这里？

　　这是个很有价值的目标，但从何处开始入手呢？我们需要了解数千年来的人类思想。这些多元而矛盾的思想和观念，都致力于为我们的存在构建基本真理。但正如我所提议的那样，如果哲学和发掘真相有关的话，那么我们应从何处并如何开始我们的探索呢？

　　本书作为"哲学入门指南"，以主题为线索，研究易于理解，其中所涵盖涉及的关键概念和知识领域，对人类的思想来说是不可或缺的。你可以把这本书当作"试吃菜单"，它提供了关于哲学的一小碟美味。

　　从第一章的幸福哲学开始入门是个不错的选择。柏拉图认为幸福是存在的终极目标，因此他提出了幸福（eudaimonia）的概念。在《定义集》中，他将此概念描述为"是集结一切美好的至善；是满足生活优裕的能力；是完美的美德；是满足生物需求的资源"。

但是，与柏拉图所处同一时代的亚里士多德指出，人们对生活优裕的渴望肯定是不言而喻的，没有一个心智正常的人会希望生活糟糕或者日子不快乐，所以真正的问题是要明晰在什么样的领域和进行哪些活动能够使人们生活优裕、获得幸福。

因此，在探究幸福的哲学时，我们会回溯古希腊、古印度和古代中国，再跳转至数千年后世界上所谓的"最幸福的国家"——丹麦。不必惊讶，那些困扰着古人的事情，现在依然是我们寻求幸福时关注的重点。而在追求幸福的过程中，必须要考虑到个人追求幸福会对周围的人、更广泛的社群以及整个世界造成多大的影响。

第二章介绍了伦理和道德哲学，深入探讨了"对"和"错"，即真理与谬误的概念。"真实"（truth）这个单词源自古英语"trīewþ"，在它的各种词性变化中，主要包含两种意思：正直、诚实和忠诚的品质；恒久不变的形而上学的事物，通常指一个物体或一种概念。

圣·托马斯·阿奎那（St Thomas Aquinas，1225—1274）更进一步地宣称真理是"理智与事物的符合"。如果我们相信通过感官知觉接收的信息，既不否认也不曲解这些信息，即判断与客观实际相符合，那么我们就达成了所谓的"真理符合论"。简单来说，如果你拿起一把锤子，然后从某人头部上方猛击，那么结果不证自明。

第三章中的科学哲学是一个很重要的议题，包含了与我们对事物及观点的感知所对应的真理。历史上充满了这样的例子，许多人曾经相信的科学真理，后来都被证明是假的。在上一个时代被认定为真的事物，在下一个时代极有可能被认定为假。既然如此，我们该如何回应圣·托马斯的"真理理论"呢？我们又该如何确定宇宙及万物的本质呢？渐渐地，评论家们的观点让大家注意到了真理模糊不清的性质——这些人往往利用预设的观点去论证真理，或者说，直接用观点代表事实。

第四章，即政治和权力哲学，着眼于社会系统的结构与机制——社会组织如何努力以实现亚里士多德式的幸福，或者至少营造一种幸福的假象。法国哲学家和历史学家米歇尔·福柯（Michel Foucault，1926—1984）说道："每个社会都有其真理制度。"他接着提出，哲学家真正的责任是揭示"能够让人们分辨真假陈述的机制和范例"。而这个责任在当前的政治和社会环境中变得愈发难以实现，因为我们正处在这样一个时代：从历史真实的层面去探索真理的活动，已变成寻找一种合理的方式以掩盖真相，并且不让人们知晓信息是如何呈现的（但这样呈现出来的只是观点，并不是"事实"）。权力，福柯认为它"是无处不在的"，而且被隐藏在制度和话语之中。

宗教哲学，正如第五章所提到的，在任何时候都具有吸引力，而且它推动了当前美国教授对"神造论"或"智慧设计论"的争论。宗教哲学也能用以追溯诸如"正直、诚实、忠诚"这样的品质是如何成为被社会推崇的美德的。

第六章是关于语言哲学的，解释了话语是如何被使用的。话语的含义是如何被传达、接受和曲解的呢？有人说，我们生活在一个"后真相"时代，出生于南非的哲学家 A.C.格雷林（A.C. Grayling，1949—）将其定义为一个"观点比事实更有价值"的文化现象。对事物的评判都建立在感受和情绪的基础上，这与具体的、无可辩驳的事实相悖。

倒数第二章是关于爱的哲学，我本希望从积极的角度来总结概括历史中乍现的火花，然而，让－保罗·萨特（Jean-Paul Sartre，1905—1980）和弗里德里希·尼采（Friedrich Nietzsche，1844—1900）的悲观思考破坏了我的打算。

最后一章是关于未来哲学的，不仅对当代思潮进行了概括性讨论，而且也对未来的哲学面貌进行了预测。

如何应对黑格尔？

格奥尔格·威廉·黑格尔（Georg Wilhelm Hegel，1770—1831）的作品也许会让人挑眉。他对于绝对现实主义和辩证方法的追求是出了名的复杂难懂，在探索更高真理的过程中，他关注的是对立和矛盾。黑格尔其人难以把握，真的非常难，他的作品也不能让人愉悦地阅读。对他作品最常见的批评是，他总是假定读者对于哲学思想史有着深刻的认识，他的行文风格也并不清晰或简明，不适合忙碌工作的人。尽管他对于分析哲学的影响是毋庸置疑的，但普通读者在阅读保罗·费耶阿本德的《反对方法》或尼采在《人性的，太人性的》中的有趣格言时，会汲取更多知识和感到更多乐趣。如果你想读黑格尔也可以尝试，但是已经警告过你……

一 你需要知道的关于幸福的哲学

哲学家们自公元前五世纪起，就一直在思考有关幸福的问题，例如：幸福由什么组成？我们如何获得它？我们如何知晓自己是否幸福？幸福的概念对于生命的意义而言是不可或缺的，同时，它还被认为是冲突和争斗的解药。当然，幸福一直是抽象的、难以捉摸的。

苏格拉底和柏拉图——西方哲学的基石

苏格拉底被视为西方哲学的教父，他一生都居住在雅典，并且在关于真理与正义的问题上不断挑战他的雅典同胞。他遵循两条重要的准则，首先是"未经审视的生活不值得过"；其次是一个人智慧的基石，是认识到自己实际上"一无所知"。然而，幸福的概念是苏格拉底思想和观念的核心，他觉得幸福可以通过人类灵魂中对和谐的欲望来获得。

他坚持认为，这种欲望最终会导致内心达到一个平静的神圣状态，从外部世界的堕落力量中解脱出来。尽管苏格拉底并没有将自己的任何思想写下来，但他对其门徒柏拉图和后来的学生亚里士多德产生了深远的影响，更对西方哲学的发展产生了不可估量的作用。

柏拉图的学院

柏拉图为哲学家们开设的学校，设立在献给英雄阿卡德摩斯（Akademus）的小树林里，这便是"学院"（academy）这一名称的由来，继而也解释了为什么从事学术研究的人叫作学者（academics）。

在苏格拉底时代，人们对幸福持有的普遍观点根植于"命运"这一形而上学的概念和神的旨意之中。苏格拉底认为幸福并不是一个概率问题，只要不断努力并对影响人类生活的力量进行审慎思考，人类便能收获幸福。但是在当时，幸福仅被视作赐予神青睐之人的祝福，去寻找幸福的人是傲慢和狂妄的，这只会令其堕落。这种观点在经典的古希腊悲剧中普遍存在，剧中的主人公往往在不知情的情况下，成了他们自己"命运"的建筑师。

苏格拉底同样认为获取幸福的关键在于，将对身体愉悦和尘世物质的关注转移到灵魂上。他认为，通过协调我们的欲望，我们可以学会安抚心灵，达到一个平和宁静的神圣状态。

在《柏拉图对话录》系列作品中，呈现了苏格拉底的观点。

• 苏格拉底与各种不同的人进行对话，包括政治家、剧作家、雅典社会的显贵及其学生和朋友。

• 每一次对话都描述苏格拉底去挑战人们，让他们解释自己的信仰基础。

• 在一问一答间，苏格拉底便对人们的论断和主张进行剖析，揭露出他们推理中的逻辑错误，指明其中的缺陷和矛盾之处。这种对话方式就是苏格拉底问答法。

• 对话录中著名的《会饮篇》就是苏格拉底问答法和其幸福观的恰当证明。

《会饮篇》介绍了在一场宴会上，每位来宾都应邀致辞以纪念爱神，即爱与欲望之神，而幸福的主题也随之产生。厄里什马克是一位杰出的雅典医师，他认为爱神是最能够赐予人类幸福的神明。剧作家阿里斯多芬尼斯表示赞同，宣称爱神是"人类的帮手……他消灭邪恶，他的疗愈能力为人类带来莫大的幸福"。厄里什马克的立场是，爱神具有赋予万物生命的力量，同时给予人类欲望，因此爱神是世间美德的来源。阿里斯多芬尼斯扩充了这一观点，他认为爱神是一种力量，能通过爱——明言之就是通过性爱——使得人们聚合。但苏格拉底对此有异议。

他提出爱神也有黑暗的一面，因为作为欲望的化身，爱神一直处于一种渴望无法被满足的状态中。从这个意义上而言，爱神无法被视作真正的神，因为就神性的定义而言，神必须是不朽且自给自足的。但是苏格拉底随之转移了重点，他认为爱神对人类寻求幸福是极为重要的，并描述了人类与神明之间的过渡。在欲望的背后爱神亦给人动力，人们一开始会寻求肉体上的愉悦，但这种欲望最终能够得到约束和引导，以追求心灵更高层面的幸福。

苏格拉底的观点是，对美丽事物的喜爱是短暂而肤浅的，但对美的认识是获得幸福和满足感的关键。而思考美本身以及与美相关的事物，意味着灵魂将会处于和谐之中。苏格拉底相信这是一个顿悟真谛的过程，人们将由此意识到自我存在的实质：

> 如果一个人的生命是有意义的，那就是在他感受到灵魂之美的时候。而且一旦你感受到了，就不会再受到黄金、服饰的诱惑……你不会再理会那些曾经让你惊艳的美丽事物……当一个人能够察觉这样的美时，他就会感知到真正的美德，而不是美德的假象。

苏格拉底对被广为接受的常识和普遍持有的观点不断提出质疑，这最终使得他与雅典当局相持不下，最终遭到指控并被送上审判台，理由是"腐蚀年轻人"和"诋毁神明"。苏格拉底被袋鼠法庭①判为有罪，他可以选择流亡他乡或被处以死

---

① 不公的私设法庭。

刑。出于对自身信念的忠诚，他选择了死亡，因为他相信选择被放逐会违背他思想自由的原则。苏格拉底喝下毒芹药水而死，据说直到生命的最后一刻，他都在兴高采烈地向学生阐释自己的哲学思想。

"幸福是一条道路"

乔达摩·悉达多（即释迦牟尼）是一位来自古印度（即今天的尼泊尔）的精神领袖和哲学家，大约生活在公元前500年。悉达多的教义构成了佛教的基石，讲究参悟"中道"，即在感官快乐和禁欲主义之间寻求和谐平衡。

最初，佛陀的智慧是在他死后靠其信徒口口相传的，直到几百年后才出现了文字记载。对于悉达多而言，幸福并不是目的，而是一种过程："没有什么通往幸福的道路，幸福本身就是一条道路。"换言之，应当抓住途中与当下的快乐和满足，而不是一味去追求一个理想中的目的地。

这个观点表明幸福是无常而短暂的，无法带来长久的满足感，因此幸福实际上导致了痛苦和佛教观上的轮回——重生、苦难和死亡的无限循环。为了摆脱轮回，达到涅槃（一种精神完满的状态），佛陀宣讲教义，通过沉思冥想来避免有害的欲望，从而获得"解脱顿悟"。所以佛教哲学中的幸福关键就在于享受旅程，体验当下的生活，避免对未来或过去过分担忧。

乔·卡巴金与正念

在乔达摩·悉达多的哲学思想和佛教徒的教义中有关沉思冥想的实践，对于心理疗法的现代方法影响重大，例如认知行为疗法（CBT）和正念。

二十世纪七十年代末，美国学者乔·卡巴金对佛教产生了兴趣，开始研究哪种冥想实践能够应用于医学之中。他在麻省理工学院创立了减压门诊，并开发了八周冥想计划和哈他瑜伽，即正念减压疗法（MBSR），用以抵抗压力和焦虑。正念减压方法效果显著，卡巴金随后又将正念发展为一种治疗手段，用以对抗其他医学疾病，包括抑郁、精神病和顽固性疼痛。

正念

正念的指导原则就是，通过为生活创造空间，帮助人们做出更明确的选择；通过冷静反思，帮助人们获得更强的掌控能力；通过发掘生活和人际关系中积极正面的细节，帮助人们做出积极的决定、找到幸福所在。尽管乔·卡巴金弱化了其治疗方法中的佛教意味，他更喜欢声称正念是基于科学和医学，而非宗教信仰体系的框架，但乔达摩·悉达多的箴言"幸福是一条道路"清晰地反映在了他的治疗方法中。

与此同时，在中国，孔子说了什么？

对幸福的哲学和积极思考的力量持类似观点的，还有与乔达摩·悉达多生活在同一时代的孔子（前551—前479）。

孔子因其极具借鉴价值的格言而闻名，一些学者认为这些格言是儒家世俗道德的法典，而非一种宗教形式的基础。

《论语》是记录孔子及其弟子言行的对话集，由他的追随者在他死后汇编而成，是儒家思想的核心所在。当被问到如何定义幸福的本质时，孔子回答道："朝闻道，夕死可矣。"

这一箴言在比孔子稍早一些的老子的经典文本《道德经》中也有所体现。老子被视作中国古代道家哲学的创始人，他是一个被神话了的人物，有关他的历史记载很少，流传最广的是他骑青牛西行而去的民间传说。

• 研习中国古代文化的现代学者都普遍达成了一个共识，《道德经》是由不同的几个人编写的，因为文中的修辞方式参差不齐。

• "无为"的概念是道家学说的重要组成部分，大概可以翻译为"不作为"或"无为而无不为"。

• 道是生活的自然状态，譬如说流动的河流或溪水。但是意识形态、野心和欲望会引发与道之间的冲突，干扰河流的自然流动。

• 谦逊和简朴的美德、坐忘（进入一种恍惚的状态，脑海中没有任何对自我的想法）的冥想练习，可以帮助内心的河流绕开这些自我施加的阻碍，流向"道"。

• 在《道德经》中，老子说："知常容，容乃公，公乃全，全乃天，天乃道，道乃久，没身不殆。"

德谟克利特：“高兴的哲学家”

德谟克利特（Democritus，前460—前370）的名字在希腊语中意为“被人们选择的”。他出生于古希腊城市阿夫季拉——地处色雷斯地区，是一个繁荣的港口城市，临近现在的土耳其边境。

他作为原子主义学派的创始人之一而闻名于世，人们普遍认为他写下了六十多部不同主题的著作，包括道德、伦理和如何过上幸福的生活。当代对德谟克利特一生的记述将他描绘为一个热情和快乐的人，这也是为什么他被称作“高兴的哲学家”。据称，在进行科学和哲学研究与写作的同时，他还喜欢旅游。他游览了古老的城市巴比伦，并沿着埃及、西亚和印度徒步跋涉。

如今广为流传的一系列关于幸福哲学的谚语和格言，有很多被其他作者和哲学家认定为德谟克利特而非其他人的思想贡献。与他和善的性情相一致，他将高兴视为一种保持灵魂纯洁的方式，“幸福并不存在于牛群或装黄金的罐子中。幸福，就像悲伤一样，是灵魂的一种属性”。

德谟克利特宣扬，人类生活是脆弱、短暂的，充斥着焦虑和难题。同样地，导致不幸的大多数困境都源于我们对所没有的事物（例如金钱、地位和权势）的渴望。我们应该珍视我们所拥有的，思考真正能为我们带来幸福的事物是什么。他认为："高兴或安乐，是在适度满足的和谐生活中产生的。过度或匮乏会带来永恒的动荡，并对灵魂产生干扰，而被扰乱的灵魂既不稳定也不愉快。"

简言之，德谟克利特主张拥有一种适度满足的生活，并提防被其他人所"羡慕或欣赏"的事物。通过仔细观察"那些处于痛苦和折磨之中的生活"，人们会意识到适度满足的生活具有无比的价值。而且，一旦抑制住了贪婪的欲望，人们的灵魂就会停止受苦，活得更祥和，最终远离生活的诅咒，譬如"嫉妒、猜忌和怨恨"。

德谟克利特之死与新烤面包的力量

播种节（Thesmophoria）是古希腊日历中最重要的、只有女性才能参与的宗教节日之一。该节日是为了纪念女神德墨忒尔和她的女儿珀尔塞福涅，男性被禁止参加。对女神的祭拜和供奉，是为了提升女性的生育能力和农作物的产量，祈求孩子和丰收。节日的传统之一是女性烤制男性生殖器形状的面包，并将其放置在祭坛上。

德谟克利特的姐姐曾被选为该节日的"委托人"——在祭坛拜神时处于仪式纯洁状态的女性。可是她很苦恼，因为她害怕自己离开后，身患重病的德谟克利特会孤独地死去。但他向她保证，在她回来之前他一定会活着。令她感到惊讶的是，德谟克利特所言非虚，节日结束后他仍然活着。在播种节期间，空气中充满了新烤的面包的香气，他声称自己正是靠着吸入这种香气才得以坚持的。

美学 VS 道德生活

幸福哲学包含三个主题，即拒绝欲望所带来的负面影响，学会尊重生活本身的形式，以及重视节制。

出生于丹麦的哲学家索伦·克尔凯郭尔（ Soren Kierkegaard,

1813—1855）在他 1844 年撰写的伦理学专著《非此即彼》中同样信奉"活在当下"的美德。

克尔凯郭尔常常被认为是存在主义的先驱，存在主义有时被错误地描绘为一种恣意的阴郁哲学，他将美学与真正的道德生活区分开来。美学的特点是对于欲望和野心的满足，这会导致自由意志的焦虑和矛盾。他认为一旦人们拒绝了美学的生活，他们就可以自由地体验真实的生活，并从其中得到快乐和满足，正如他所说："生活不是一个亟待解决的问题，而是一个需要体验的现实。"

由幸福哲学所引发的问题从某种意义上而言是一种悖论。在过去的两千年间，哲学家们试图定义什么是幸福以及如何获得幸福，实质上他们关注的是阻碍人们获得幸福的东西以及让人们感到痛苦和绝望的因素。从苏格拉底到克尔凯郭尔，诸多思想家都以拒绝欲望、盲目的野心和感官享乐作为获得幸福的途径，他们只赞成品味现在和享受此时此刻。正如斯多葛学派的罗马哲学家塞内加（Seneca，前 4—65）在他的道德论文集中所写："对于人类而言，最大的祝福就在我们心中，就在我们所能触及的范围之内。聪明的人无论他的命运是什么样，都会感到满足，而不会去渴望他所没有的东西。"

焦虑（angst）的起源

克尔凯郭尔提出了现在广为使用的词语"焦虑"，在丹麦语中它表示"不安"或"惧怕"，用以形容强烈的不安感和恐惧感。克尔凯郭尔在《焦虑的概念》一书中首次使用该词，他认为选择的自由使得人们永远处于一种对上帝负有责任的焦虑状态中。对于后来的存在主义者而言，这个词形容的更像是一种对自身、自我原则和其他人负有责任的状态。

为什么丹麦是全世界最幸福的国家？

2018年3月，涵盖155个国家的年度调查《全球幸福指数报告》发布，该报告连续7年将丹麦列为世界上最幸福的国家。"主观幸福感"的结果是通过对犯罪率、平均收入、公民参与度和公民健康指数等客观数据的科学分析得出的。尽管丹麦具有高度的政治稳定性、高品质的免费医疗和免费教育体系，以及相对较低的犯罪率，但生活成本和税收都很高。

然而，丹麦之所以位列榜首，是因为当地人有一些更为主观的幸福指标，最突出的是在丹麦被称为"舒心（hygge）"的文化现象。

hygge 可以大概翻译为"惬意"或"温馨"，通常用于形容与他人分享经验或融洽的社会互动。它可以用来描述和老朋友的愉快午餐，与家人在海边的野餐，以及在寒冷冬夜的熊熊火堆旁喝下的一杯温暖热可可。"舒心"的本质是，与他人进行的简单交往并享受与他人相处的时刻。这个词可以用在多种场景下，例如，按照当地风俗，感谢晚宴主人的款待时，可以宣称这是一个"令人舒心（hyggelige）"的夜晚，而且如果你不这么做的话是不礼貌的。

"舒心"的概念在丹麦人的文化中如此根深蒂固，以至于心理学界开始着手研究其他国家是如何做的。克尔凯郭尔，尽管他并没有创造"舒心"这个表述，但他泛泛地提到了把生活当作一种体验，让我们从焦虑、压力和绝望的束缚中解脱出来，从某种意义上而言，他就是"舒心"的早期拥护者。

二 你需要知道的关于伦理和道德的哲学

哲学的两个分支——伦理和道德，常常是难以区分的。两者在某个基本层面上存在着不同，哲学家的工作就是要努力厘清它们。

巨大的分界

"伦理"一词来源于古希腊语"ethikós"，意思为"与人的品质有关"；而"道德"一词来源于拉丁语"mos"（进一步说是"moralis"），意为"风俗习惯"。

讽刺的是，现在的普遍观点认为，"moralis"这个单词来自古罗马哲学家、历史学家西塞罗（Cicero，前106—前43），他在试图将希腊语"ethikós"这一概念翻译成拉丁语时杜撰了"moralis"这个新词。

现在,两者大致的区别是,伦理涉及有关人性的基本问题,定义我们作为个体应当如何生活,特别是面对困难的抉择时。道德则与一套准则所衍生的习俗或做法有关,例如,基督教道德主要来源于《圣经》的教义。

尽管如此,要搞清楚伦理和道德之间的区别还是有些困难。许多现代机构,从医学到法律,从商业到大众传媒,都有所谓透明的伦理准则。人们认为这些准则是在特定事件和特殊情况下,通过对正确的行为方式达成共识而制定的。

当前医学界关于安乐死的争议就是一个典型的例子,说明了伦理和道德的区分混乱不明、问题重重。虽然可以说协助病人自杀违反了希波克拉底誓言,但反过来,你也可以质疑让病人遭受不必要的痛苦是否是道德的做法。所以为了清楚起见,在本书中我会将伦理视作哲学的一个分支,它将通过定义诸如善与恶、对与错、美德与恶行、正义与犯罪等概念来处理人类道德问题。

在伦理哲学之中,有三个被广泛认可的学派或研究范围。它们是:

• 规范伦理学，最为传统的学派，最早可以追溯到古希腊时期，处理现实问题，探讨如何确立"正确的"行为方式或如何过"正确或正义的生活"。

• 元伦理学，从理论上研究分析道德概念的意义和指称，以及是否能够确定其"真值"。

• 应用伦理学，涉及关乎我们行为的义务问题，无论是个人行为还是集体行为。

规范伦理学：如何生活？

规范伦理学有时又被称作规范的道德，它主要关注的是确定事物应当如何。它试图评判是什么使得特定的行为产生对或错、好或坏的区别。大体而言，其目的是达成对整套原则或行为标准的理解，这套原则用以将行为制约于正确的道德之中。关于规范伦理学的广泛研究，有三种各异但又互相关联的方法，它们分别是结果论、道义论和美德论。

结果论：结果是手段的正当理由吗？

结果论在哲学界中通常被视作伦理的目标模型。希腊语中"telos"意为"目标"或"目的"，而"logos"意为"理性"或"意义"。结果论伦理学认为，特定行为的道德价值取决于行为产生的后果。这种观点认为在给定的情境下，道德正确的行为应当是能产生好结果的行为，道德错误的行为则会直接或间接造成坏的后果。在这个范式之中，结果论面对的是诸如此类的问题：

- 什么样的结果相当于好的结果？
- 谁，或者什么，是一个特定道德行为的主要受益对象？
- 我们如何评判结果的价值，谁来决定它们是好是坏？

古希腊哲学家伊壁鸠鲁（Epicurus，前341—前270）通常被称为结果论伦理学的先驱。他来自希腊哲学的享乐主义学派，该学派认为快乐是人类生命中的至善，是存在的终极目标。

然而，享乐主义者对感官享受不加掩饰的追求，使其常常遭到误解，尤其是在今天这样的社会里。但事实并非如此，古代的享乐主义者将快乐主要定义为没有痛苦地生活和达到幸福安宁的状态。这种"涅槃"的境界可以通过达到心事安定（免于恐惧）、脱离苦恼（免于精神痛苦）和没有痛苦（免于身体疼痛）的状态来获得。

按照结果论伦理学的观点，如果某种行为能够带来无可比拟的快乐，那么其结果就是好的、正确的。然而正是因为这个观点，伊壁鸠鲁和其他享乐主义者的言论遭到了误解。如果追求享乐最终带来了痛苦，那么其结果就是坏的。举例来说，伊壁鸠鲁提倡适度和享受生活中简单的事情，比如食物和住处，反对被财富和物质所驱使；晚餐配一杯红酒是一种享受，但贪婪地喝完一整瓶很可能造成不适、迷离甚至疾病。因此在这个例子中，适度就等同于智慧和一种可以控制对更多幸福和宁静的欲望的能力。

到了十九世纪，杰里米·边沁（Jeremy Bentham，1748—1832）与约翰·斯图尔特·密尔（John Stuart Mill，1806—1873）的作品系统地阐释了功利主义理论，由此，结果论伦理学把对个体"幸福"的关注转移到了"集体幸福"上。功利主义涉及了哪些内容呢？

• 功利主义的重点在于，用"效用"一词来定义公共福利或幸福。密尔在此层面上将"效用"解释为善行的结果。

· 只有在人们追求社会效用或众人（而不仅仅是个体）的幸福而采取行动时，效用才能够被衡量。

· 在密尔的作品《功利主义》中，他认为人本质上是渴望幸福的。怎么会有人希望不快乐呢？由于每个个体都渴望自身的幸福，所以可以推出我们渴望人人的幸福，而如此一来则有助于促使更大的社会效用的实现。

· 因此，如果一个行为的结果能够在社会效用层面带来最大的幸福，那它就是最好的行为。

· 边沁，这位密尔的良师益友，曾说道："最大多数人的最大幸福是道德的基础。"密尔的观点与此如出一辙。

行为功利主义 VS 规则功利主义

功利主义之中有两种不同的类型，行为功利主义和规则功利主义。在行为功利主义中，效用原则或能够带来最大幸福的结果，需要根据既定情境中非此即彼的选择来衡量定义。而规则功利主义中的效用原则，必须确保一套正确的行为或道德标准的公认规则的有效性。没有理解？来看下面这个例子。

一位亲戚心脏病发作，已经叫了救护车，但法定假日早上六点的紧急救援服务人手短缺，时间紧迫，所以你选择开车送他去医院。当红灯亮时，你是会闯红灯从而使得亲戚获救的概率增加呢，还是选择等待绿灯亮起？

行为功利主义的回答是：闯红灯。尽管破坏交规，但它增加了病人获救的概率，也就是说这种行为有助于达成更大"效用"。考虑到这个时段路上几乎没有车辆，而造成事故的概率也是极小的，虽然你会被电子摄像头拍照并被起诉，但你应该为了更好的结果去冒这个险。

规则功利主义的回答是：等绿灯。不顾后果地闯红灯可能会造成事故，导致人员受伤甚至丧命。等红灯的规则有助于保护所有道路使用者，并防止那些不负责任的驾驶人所带来的恶果。如果每个人在赶时间的时候都闯红灯，就会造成许多事故，而规则的"效用"价值也会变得多余。

行为功利主义认为在力所能及的范围内做出无私的行为去拯救生命，是一个正确的选择，不论这个行为是否会造成灾难性的结果。如果司机安然无恙地到达医院，那么这就是"结果证明了手段的正当性"。规则功利主义认为在这个情境中，行为正确或错误取决于规则背后的基本原理，而不应该考虑任何情有可原的特殊情况。

道义论：一种道德义务

道义论是伦理学的一种理论，它侧重于一个行为本身明显且固有的"正确"或"错误"，而不是那个行为产生的结果。从某种意义上而言，规则功利主义可以被视作道义论的一种形式，因为它认为特定的规则和责任在道德上永远是正确的。

"道义论"一词来源于古希腊单词"deon"，意为"责任"。道义论主张，行为决策以及在特定情况下做出的决定，应基于人对自身的责任和对他人的权利与幸福的考量，我们称之为"道德义务"。然而，道义论伦理学有着不同的类别，因为道德义务是从外部或内部产生的，比如宇宙所固有的一套规则、宗教法或一套个人或文化的价值标准。且不论义务来源的本质，也不论义务是内部的还是外部的，个人欲望的差异势必会导致道德标准的冲突。

神令论：上帝让我这么做

道义论伦理学的传统形式以神令论的概念为中心。神令论是道义论的一种形式，它主张如果上帝判定一个行为是正确的，那么它就是正确的；一个行为必须得到履行，因为它是且仅是上帝的命令。因此，道德义务产生于上帝的命令，而任何行为的"正确性"都取决于该行为是否是一种必须被执行的责任。

不管如何，有组织的宗教将神令论视为一种用权力掌控社会与群体的手段。无论结果如何，只要行为出于上帝的意愿，那它就是正确的。这种观点显然是有问题的。这种道义论伦理学从中世纪早期就开始流行，在世界各地的不同宗教中普遍流传，从简朴的风俗到恐怖主义暴行，都有其形式的显露。这并不意味着该理论必定是一个负面或狭隘的概念，恰恰相反，许多所谓的"命令"是有益而无私的。

相较于勒内·笛卡尔（René Descartes，1596—1650）时期，现代神学和宗教教义显然对个人的选择更具包容性。尽管笛卡尔在其生活的时代受到约束，但他仍是不遗余力地对理性和个人美德的概念做出了明确区分。

对于笛卡尔而言，理性能力是人类知识的核心，是上帝通过"完美的存在"赠予人类的事物。上帝赋予了我们思考的能力（我思故我在）和足以帮助我们寻得善良与正义的理性。这能引导我们获得满足和幸福，且能使我们从理性思辨中发展出美德。

因此，培养理性是平衡生活状态的关键。正如笛卡尔在他的著作《哲学原理》中所说："真正的哲学……教导我们，即使在最悲痛的灾难和最苦涩的疼痛中，如果我们知道如何运用自己的理性，那么我们总是能感到满足的。"

他将哲学定义为"对智慧的研究，而'智慧'不仅意味着我们在日常事务中的审慎，也意味着人类所能知晓的关于所有事物的完备知识，既为了学会处世之道，也为了保持健康和发现各种各样的技能"。尽管笛卡尔并没有明确地提及神令论，但他认为由于在他的脑海中有关于上帝的想法，所以上帝一定存在。

笛卡尔在《沉思集》中写道："我存在于世并且在我的脑海中有关于最完美者，即上帝的想法，这一事实明确地证明了上帝真的存在……毫无疑问，上帝在创造我的时候将这一想法置于我脑中，就好像工匠给他的作品盖上印戳一样。"因此，笛卡尔认为被理性和智慧在道德上判定为真的任何事物，就是上帝判定为道德上真或对的事物。

伊曼努尔·康德和绝对命令

伊曼努尔·康德（Immanuel Kant，1724—1804）是德国启蒙运动的主要人物，继笛卡尔之后，康德的哲学绝大部分也是基于人类的理性能力来阐发的。然而，康德与笛卡尔不同的是，他对道义论的解释采用的是世俗的方法而不是宗教方法（虽然这点在笛卡尔的研究中体现得有些模糊）。康德同样拒绝将结果论作为道德判断或行为的依据，他主张践行一种源自理性的普遍义务形式。对于康德而言，一些行为永远都是错的，不论它带来的结果是什么，是人们的行为动机决定了它们是对或错，而不是行为的结果。

康德，人类时钟

德国犹太裔诗人、散文家和文学评论家，海因里希·海涅（Heinrich Heine，1797—1856）在其作品《论德国宗教和哲学的历史》中称，康德是一个极具精确性的人，尤其是在计时上。"我不相信大教堂（位于

哥尼斯堡）的大钟会比它的市民伊曼努尔·康德在日
常生活中更冷静和有条理。早晨起床、喝咖啡、写作、
阅读文献、进餐、散步，每件事情都有指定的时间，
并且邻居们都知道，一到下午三点半，伊曼努尔·康
德就会穿着灰色的紧身外套，手里拿着西班牙手杖走
出家门，走进椴树小道。现在，它也被叫作'哲学家
之道'"。

康德在他开拓性的论文《道德形而上学的奠基》中，概述
了三条有助于他称之为绝对命令的律令。绝对命令是一种道德
构架，它代表了在摆脱外界的影响和力量后人类意志的义务。
在第一条律令中，康德对他称之为"完全义务"和"不完全义
务"的概念进行了区分。前者是普遍的原则，可以适用所有人
且并不因情况的改变而改变。后者包含的更多是流变的情形，
因为语境和境遇的不同，对一个概念可能会出现不同的解读。

康德用"普遍法则"（maxim）这个词来表示行为背后的
动机原理，并在第一条律令中声称人们应当"只按照对你而言，
同时也能一致成为普遍规律的准则去行动"。简而言之，将康

德那些通常令人费解的术语先置于一边，第一条律令可以被概括为"黄金法则"或"伦理的同等对待"，主张"推及别人，将心比心"。

康德提出的"不完全义务"涉及了如何对待他人。他认为人们应当"这样行动，不要把人性——无论是你自己的还是其他人的，仅仅看作一种达成目的的手段，也要将其视作目的"。康德认为在行动中利用其他人达到目的，无论结果如何，在道德上都是错误的，因为这种行为剥夺了人们自己的自由意志和权利。

康德的第三条也是最后一条律令，关系到对团体和国家的道德义务的运用，即"理性的存在都必须如此行动，就好像他自身遵从的普遍法则永远与目的王国①的立法规则保持一致"。在某种程度上，这与功利主义主张的行为的有效性取决于大多数人获利的量的观点不谋而合。康德认为人类意志的表现应当对提供人类所遵守的普遍法则的道德（完全）义务予以考虑。例如，如果撒谎这个行为是错误的，那么这就应该作为一个原

---

① 目的王国是康德的一个构想，在这个区域里，每个人都将自己和幸福当作目的，而不是将自己和幸福当作手段。

则被所有人普遍接受，因为撒谎破坏了信任，也破坏了真实的概念。

康德道义论的问题之一是，由于它在评判对与错时回避了任何对结果的考量，因此它在面对复杂困难的情况时缺乏灵活性。这表示存在这样的情况，当谎言可以避免灾难时，它就可以超越普遍法则。有一个关于普遍法则的经典测试被称作"康德的连环杀手困境"，这个测试提出了"在可能拯救生命的情况下撒谎，是不是对的"的问题，就这一点而言，这一法则似乎在跟诸如规则功利主义和行为功利主义的对立之中失败了。

> 人，是被判定为自由的，他将全世界的重量都扛在肩上；他对全世界和作为一种存在的自己都负有责任。
>
> ——让－保罗·萨特，《存在与虚无》

美德论——如何成为一个有道德的人

美德论是规范伦理学理论，与道义论和结果论有所不同，它关注的重点从衡量行为（和结果）以及其中的道德价值，转移为强调心灵与品格的美德。

美德伦理学讨论的是美德的本质和定义。个性中的哪些方面可以被认为是有道德的？它们是如何被后天习得以及应用的？个人美德是人类本质普遍的一部分吗，还是说它们来源于多样性的文化？

亚里士多德在《尼各马可伦理学》中概述了过有道德的生活所需的十八种"美德"，指出了有关情绪和欲望的美德（道德德行）与心灵美德（理智德行）之间的区别。

道德德行

- 勇气——在面对个人的恐惧时。

- 节制——就快乐与痛苦而言。

- 慷慨——在财富和所有物方面大方。

- 威严——意思是在展示自己的财富和所有物时谨慎。

- 高尚——个人在被赐予荣誉时表现谦逊。

- 适度的野心——对权势现实的追求。

- 坦率——在自我表达方面。

- 机智——在谈话中从容自得。

- 友善——在社会行为方面。

- 端庄——在面对耻辱时。

- 义愤——在面对我们自己或他人的伤害或痛苦时。

理智德行

- 才智——理解什么是真实、正确的。

- 科学——了解自然世界。

- 理论的智慧——知晓基本的真理并懂得运用理性。

- 理解力——理解他人的观念和思想。

- 实践的智慧——运用行动改变环境。

- 常识——参与判决时的同理心与理解力。

- 技巧——在艺术或工艺方面的技能。

因为美德伦理学关注的是人如何与其行为相悖，所以，它试图识别那些使人有道德的品质。就这点而言，一个人的行为只不过是他们内心道德的体现。行为（或结果）本身并不能被视为道德的充分反映，因为它将道德限制为实际的行为，而不是一种包罗万象的生活规范。因此，美德伦理学寻求的是一种能让个人在所有情况下都能做出道德选择的道德。

一种反对美德伦理学的观点，对"道德"的构成提出了质疑，同时认为这种"道德"在不同的文化和环境中并不能完全适用。换言之，古希腊的道德守则能适用于二十一世纪的人们吗？

元伦理学：道德实在论 VS 道德反实在论

元伦理学是伦理学的第二大类，它与第一大类规范伦理学不同，因为它关注的是道德判断以及伦理的命题、宣言和方法的本质。规范伦理学探讨的则是建立正确行为的基础，以及剖析诸如"我应该怎么做"和"我们应当怎样生活"的问题，在这个过程中可能会支持特定的损害他人的道德立场。元伦理学探讨的则是诸如"我们如何辨别好坏"和"什么是善"的问题。元伦理学的问题可以被划分为三个不同的区域。

• 道德的语义，与建立道德术语的意义有关，或反过来证明在道德的陈述中缺乏意义或价值。

• 道德的本体论问题，通过明确道德判断的本质，来规定这些判断是普遍的还是相对的。

·

•道德认识论，检验我们如何支持或拒绝道德判断，以及是否有可能辨别好坏。

道德实在论 VS 道德反实在论

在柏拉图的时代，哲学家们普遍持有的立场是道德实在论（或道德客观主义），例如，存在着叫作道德事实或道德价值的事物，而这些事物是客观的，且与科学事实和数学事实并存。道德事实独立于我们对它们的信仰、感觉和态度。道德实在论认为道德命题可以经由理性和逻辑来判定真假，并且坚持认为存在着特定的命题，它们永远都是正确的或错误的。这种认知在对道德争论进行逻辑判定时具有明显的优势。

对道德实在论最主要的批判是，尽管它提供了解决道德争论的方法，但是它并未解释道德争论最初是如何或为什么出现的。如果人类能够接触到道德事实，那么道德争论到底为什么会出现？为了试图解决这样的异常情况，道德实在论可以分为两个不同的分支：

•道德绝对主义认为，道德判断有着绝对标准。这个主义相信道德事实永远是正确的或错误的，不随情况改变。

• 道德相对主义相信，人们的道德信念因文化而异，因此在特定情况下不止有一种正确的道德立场。例如，在某些土著文化中，死刑遵循的是"以眼还眼，以牙还牙"的道德标准，然而其他文化则认为取人性命在道德上就是错误的。因此，道德相对主义可以被描述为，当处于不同的文化中或道德事实因文化而异时，人们所普遍持有的看法和观点。

与道德实在论相反的是道德反实在论，是一种认为不存在客观道德价值的元伦理学说。道德反实在论完全否认道德属性的存在，认为道德依赖于精神而存在，并非是客观独立的。道德反实在论的一种形式被称为伦理主观主义，它认为不存在客观的道德命题，而道德陈述实际上也是不能加以区分的，因为它们并没有表达不可否认的事实。相反，道德陈述的真假是由观察者的态度造就的，而任何关乎伦理的句子都暗示着观点持有人的态度、喜好。因此，一种在道德上被认为是正确的陈述，仅仅意味着它得到了利益相关人士的赞同。

伦理主观主义者还认为，人类行为受到个人感知的影响，并在很多方面都受限于此。例如，在伦理主观主义者看来，"希特勒是邪恶的"这一言论表现出对其历史暴行的强烈谴责，但却没有表达出希特勒实际上是不是邪恶的；另一些人在纯粹的道德立场上也许会反对"希特勒是邪恶的"这一论调，但同时承认关于希特勒的历史证据和非评价性的事实，如此一来，他们并没有做出一个错误判断，只不过是在表达一种不同的态度和理解。对于道德真理不能经由客观验证这一看法的反对意见主要是认为，这是将道德置于没有正确与错误区别的道德真空之中，对个体如何行动和社会功能都会产生危险的影响。

道德实在论（存在普遍的道德事实）和道德反实在论（认为没有道德事实）之间的辩论，是与神学中的核心问题紧密联系的（见第五章）。一些哲学家，诸如 J.L. 麦凯（J.L. Mackie，1917—1981）等，设计出了误差理论，用以解决类似"如果上帝是全善的（道德上臻于完美），那么为什么会存在罪恶"等问题。

休谟，启蒙哲学家

大卫·休谟（David Hume，1711—1776），是苏格兰启蒙运动的代表人物（十八世纪末十九世纪初，致力于道德和政治哲学的一群思想家）之一。

他最有名的作品是《人性论》，在书中，他试图创造出"人的科学"来描述人性，"人的科学"包含关于个体和社会的一些问题，诸如感知、身份和道德观念等。休谟的伦理立场是：欲望和情绪，而非理性，才是道德的根源。他认为"道德能引发强烈的感情，并催生或阻碍行为。而在某个特定的情况下，理性本身是完全无能为力的。因此，道德准则并不是我们理性的结论"。

休谟的断头台：实然 / 应然问题

休谟被认为是第一位处理"实然 / 应然问题"的哲学家。他在《人性论》中特别提到了某些作家和哲学家在描述道德观念时的倾向——总是在有关"是什么"的描述性陈述（能被经验证明）与规范性陈述（"应当"是什么）之间切换。对于休谟而言，描述性与规范性陈述之间是否有直接联系并不明确，因为我们虽然可以对某事物形成自己的认知（实然），但从某种意义上来讲我们没法分辨或了解它"应当"如何（应然）。这个实然／应然问题被称为休谟的断头台，因为它切断了描述性陈述和规范性陈述命题之间通常被认为隐含的关系（但对于休谟而言，这关系在逻辑上是不可能的）。

应用伦理学：理论付诸实践

应用伦理学（伦理学的第三大类）将伦理学理论应用于个人和公共生活的具体情境之中。一般来说，应用伦理学涉及科学、卫生保健和医学等领域，同时也涉及商业和政治议题。在生命科学中的生物伦理困境，包括在研究中对人类胚胎的使用，对老弱病残在医药和护理上的稀缺资源分配，关于污染和自然环境的生态学问题。

传统观点认为，规范伦理或元伦理领域与应用伦理学是不同的，后者试图为不同理论找到实际的应用。举例来说，多元道义论作为规范伦理学的一种形式，由苏格兰哲学家戴维·罗斯（W.D. Ross，1877—1971）在《正当与善》一书中提出。

他从结果论和功利主义的立场来分析道德问题，认为一个行为的道德价值取决于它的结果，并且存在着某些一直为善的义务。

罗斯确定了七种义务或道德的公认原则，用以决定在任何情况下的行为。

· 慈善——帮助他人增加愉悦和幸福，消减痛苦和折磨，或改善他们的品质。

· 不伤害——永远不通过残忍的行为对他人故意造成伤害或痛苦。

· 正义——确保人们能够公平、平等地获得他们所应得的。

· 自我改善——为了自身和集体的利益，我们需要在实践和精神上进行自我改善。

· 补偿——在个人行为的结果被不公对待的情况下，对个人进行赔偿或对当前情况进行补救。

· 感恩——当别人给予自己帮助或自己因他人的行为受益时，要表达出适当的感谢。

· 守信／忠诚——根据明确的或默许的承诺来行动，包括讲真话这一默许的承诺。

罗斯并没有对他提出的七种义务进行重要程度的划分，也没有声称个人仅需考虑以上这些义务。他设计的义务清单里有一个缺陷，在某些特定的情况下，两种或两种以上的义务是对立或矛盾的，这就会导致不知遵循何种义务的困境出现。举例来说，一位父亲承诺带他的孩子去看最新的电影大片，与此同时，他的朋友打电话让他帮忙搬家。这位朋友先前曾数次无私地帮助过他，希望他这次能予以回报。因此感恩与慈善的义务和守信的义务产生了冲突。

然而，罗斯认为在大多数情况下都存在着"绝对义务"在决定何为正确行为时比其他义务更有分量。考虑到上文所描述的困境，绝大多数人可能会选择慈善和感恩（也可说是正义），以让孩子失望和失信的代价去帮助他的朋友。我们并不知晓不同的人是如何对特定决定的结果进行权衡的。

当代美国哲学家薛立·卡刚（Shelly Kagan，1954— ）在《道德的限制》一书中认为，罗斯应该使用"pro tanto"这个表述，意为"到某一程度"，来形容他设计这些义务的理由，而不是使用"prima facie（显见的）"，因为"一个到'某一个程度'的理由具有真实的分量，尽管它的分量可能会被其他的考虑因素所超越……但一个显见的理由看上去像是一个理由，可能实际上根本不算理由"。

卡刚的观点是一个义务的分量取决于它与罗斯方案中其他义务之间关联或矛盾的程度，这使得义务之间的权重成为判断依据，但这并非绝对的。

告密者：英雄还是叛徒？

许多组织和企业都会起草宗旨说明和行为准则。同样地，政府、立法机关和国务院（包括卫生部、国防部、福利部和教育部）都是根据应用伦理学模型来起草行为准则的。然而，这些道德准则并不是"一成不变"的。

后现代主义哲学家雅克·德里达（Jacques Derrida，1930—2004）在说到应用伦理学时，倾向于谈及联合国《世界人权宣言》①。它曾因全球秩序的转换与改变，以及世界各地技术、生态和社会政治气候的发展而被多次修改。在德里达看

---

① 它于 1948 年首次通过，第二次世界大战之后，曾历经多次调整和修订。

来，这也证明规定好的道德法则是无意义的。

在当今时代，告密者揭露组织和企业的不道德行为，已经成为应用伦理学争论的焦点。一方面，告密者可以被视为英雄，他们捍卫个人的权利，对抗可恶和官僚的企业，这些企业在背地里"作恶"。另一方面，告密者往往会被描述为叛徒，或怀有荒谬、没有根据的怨恨，与集体意识格格不入的人。

应用伦理学中经常出现类似的争议，一个典型的例子就是前美国中央情报局特工爱德华·斯诺登。斯诺登是美国政府的前计算机数据分析师，他于 2013 年在未经授权的情况下，将美国国家安全局的机密资料拷贝并泄露给了德国周刊《明镜》。

他公开的信息揭露了美国的许多全球监视计划，这些计划大多是由美国国家安全局和五眼情报联盟①运行，并与美国国内的电信公司和欧洲政府暗中合作。斯诺登的披露造成了轰动，并引发了一场关于数字时代隐私的本质和政府"监视"公民的权利的激辩。

---

① 是指二战后英美多项秘密协议催生的多国监听组织"UKUSA"，该机构由美国、英国、澳大利亚、加拿大和新西兰的情报机构组成。

三 你需要知道的关于科学的哲学

科学哲学是对自然科学的假设、基础和意义的研究，例如生物学、化学、物理学、地理学、医学和天文学。自然科学和社会科学之间是有区别的，后者主要关注人类行为和社会结构。

在科学哲学中的主要问题包括：什么是科学？科学的目的是什么？我们应当如何理解和运用在科学研究中所获取的知识？最后一个问题引出了一系列关于科学知识获取方式的道德困境。

如果正确看待，数学不仅掌握真理，还具有无与伦比的美——一种冷酷而严肃，宛如雕塑那样的美。

——伯特兰·罗素

什么是科学主义？

科学主义是"科学是由什么组成的"这一哲学辩论的核心，它将特定领域的知识从伪科学或纯理论科学中区分开来。在一些方面，科学主义这一术语饱受诟病，科学主义首先是一种普遍而首要的立场，即物理和自然科学（科学方法）研究的假设和方法对其他人类知识领域也同样适用，包括哲学、人文科学和社会科学。

逻辑实证主义是科学主义的一种形式，它的前提观点是"真正的知识"是科学知识。理论可以被科学验证，可以被逻辑或数学证明。实证主义认为，这种知识只能来自按照严格的科学方法得到的积极肯定的理论。

传统上，这种方法集中于经验"证据"的收集上，通过观察和实验的过程来收集数据，由此推导假设。

亚里士多德是一位雅典名医的儿子，他在生物学以及揭示事物本质上展现了特别的资质。人们认为他写下了首部关于科学探究的本质的系统专著，该专著包含了对自然世界的观察和推理。在亚里士多德的作品《前分析篇》和《后分析篇》中，他先后对探究自然的目标和方法做出了反思。

他的方法尽管并非毫无缺陷，但却包含了许多现今认为对科学研究极为重要的元素。虽然专注于经验主义和仔细观察，但他提倡一种冷静的观察方式，而不是进行控制实验。其目的并不仅仅是为了积累可观察的事实，也是因为控制实验会使人们得出支撑自己观点的理论和预判的结果。

亚里士多德在阐述科学时使用了"episteme（知识）"一词，这展示了知识被精确安排成事实，但重要的是这些事实是如何被安排和呈现的。探索的目的就是通过观察事实的排列和呈现，构建成功的科学探究的方法。其决定因素就是找到知识的本质。

除了仔细观察以外，亚里士多德的科学方法还要求：

• 一个理性的逻辑推理系统，能够正确地排列和分析事实，同时能基于收集到的观察内容进行推断或归纳。

• 此外，推理方法包括演绎、预测、比较或类比。

亚里士多德的《前分析篇》和《后分析篇》（以及他对其他科学方法理论和错误推理的否定）都收录在名为《工具论》的作品集中。

蜂王

《动物志》其中的一个章节包含了对蜜蜂生活的详细观察。他正确地推测出蜜蜂群落中有三类蜜蜂：工蜂、雄蜂和一个"蜂王"。其中最大的争议是，亚里士多德在描述蜂王时用"国王"代替了"女王"，由此一些人认为他厌恶女性。

亚里士多德关于蜜蜂从花中采蜜的观察是对的，但他相信花朵生出了幼蜂，所以蜜蜂自身无法繁殖。他还认为蜂蜜是在大气条件下产生的，论点是一年中有些时候鲜花繁盛但却没有蜂蜜产生。事实上，这个观察对错参半，大气确实对蜂蜜的产生有影响，但亚里士多德并没有理解授粉的过程。

当科学方法出错时

亚里士多德关于科学与自然的著作对自然科学产生了深

远的影响，尤其是在中世纪时期，以至于他的一些明显错误都几乎被逐字接受，几个世纪以来都没有受到挑战。

《动物志》是亚里士多德对动物学的研究，他尝试应用自己的科学方法去探究现存事实和自然世界的成因。

尽管《动物志》中包含了许多开创性的观察，特别是在海洋生物学领域，但它确实存在着一些明显的错误。一个特别值得注意的错误是亚里士多德声称苍蝇有四条腿，虽然学者们认为这可能是一个还没修正的误译。

弗朗西斯·培根——文艺复兴时期的哲学家

弗朗西斯·培根（Francis Bacon, 1561—1626）是英国哲学家、政治家、律师和作家，也是英国文艺复兴时期的领军人物。作为一名多产的作家，他的哲学著作囊括各种主题，包括科学、神学、伦理、政治和法律。

他最为人所知的就是对科学哲学做出的贡献，尤其是著作《新工具》，这形成了后来"培根归纳法"的基础。

培根的《新工具》试图建立一个新的科学探究体系，它与亚里士多德的方法截然不同，且对中世纪的科学产生了深远的影响。亚里士多德的方法采用了三段论的逻辑推理，而培根的方法则采用了"归纳推理"。

归纳推理是一种推理的方法，其前提能在一定程度上证明结论的真实性。虽然演绎论证可以推理证明出某个结论，但要判断结论真实与否，必须要依靠有记载和可呈现的明显现象。培根给出了一个对"现象本性"的成因进行探究的例子，譬如热量。

• 首先，科学家在清单 A 上列出了所有可能发现和观察到热量的情况。

• 在清单 B 上列出与清单 A 上类似的情况，但是这些情况下不存在热量。

• 最后在清单 C 上列出，哪些情况下热量的存在与否是可变的。

培根认为，为了确定热量的"形态本性"（自然特征），对三个清单进行比较分析，结果将会显示出：热量与清单 A 上的所有例子都相符，与清单 B 上的任何例子都不符，与清单 C 上的例子是否相符要视情况而定。

《新工具》在科学研究方法的历史发展中具有一定的影响

力。培根的方法与现代科学方法有相似之处，因为它以实验研究为基础，脱离了亚里士多德对控制实验的疑虑。而培根强调通过使用人工条件对现象的观察提供额外的帮助，这使得伏尔泰称赞其为"实验哲学之父"。培根坚信自然哲学必须从感官开始，这是对科学传统的彻底背离，由此产生的排除归纳法是他对科学和哲学最经久不衰的贡献之一。

培根发展了科学探究"新工具"，但这也为他带来了致命的结局。在因腐败丑闻被英国议会弹劾之后，他将余下的时光都投入关于科学实验的写作中。1626 年，他死于肺炎，病因可能是因为他在雪地里待了太久，因为他正在测试肉是否能够通过埋在厚厚的雪里进行保存。

什么时候科学是非科学的？

科学哲学的核心议题之一是试图明确区分科学与伪科学。从历史的视角来看，其争论的要点集中在"纯科学"与宗教和神学之间的区别。但这个如此重要的关键问题至今仍然未被解决，这看上去似乎很荒谬。西方世界就是最典型的例子，还有其他一些宗教意识形态对政治力量和社会结构具有显著影响的国家和区域也同样如此。

哲学中的其他领域，包括形而上学和伦理学，也被那些主张"纯科学"的人质疑。正如我们看到的亚里士多德和培根的科学方法那样，科学建立的条件有以下几点：

• 形成符合偶然性逻辑标准的假设。也就是说，理论或观点并不一定是真的或假的。

• 可以通过一个过程进行证伪的假设。

• 可以被检验的假设，在特定的情况下能够被视为真的或假的。

• 通过观察收集的经验证据，能够通过严谨的逻辑科学方法论进行分析。

经验主义，以及后来的实证主义和逻辑实证主义，皆以一种规则严明、近乎顽固的观察方法作为科学的基础，并致力于将人类所有的知识系统化地还原为逻辑、数学和科学原理。

这种观点极其不利于哲学的其他领域的发展，包括形而上学、神学、唯心论和社会科学。由于它们并不是观察性的领域，因此它们被认为是"非科学"的。这一哲学观点被称为"证实原则"，它规定只有能被经验证实的陈述才具有认知意义，才在逻辑上是正确的。然而，逻辑实证主义遭到了许多批评，很大程度上是因为从某种意义上来说，在人类知识探索的领域，实证主义者关上的门比打开的更多。

卡尔·波普尔与怀疑主义

卡尔·波普尔（Karl Popper，1902—1994）出生于维也纳的一个富裕家庭，在当地的大学进行哲学、心理学和数学的学习。在学生时代，他对马克思主义产生了浓厚的兴趣，因此加入了当时狂热拥护马克思主义的社会民主工人党。

维也纳是二十世纪二十年代欧洲知识分子活跃的中心之一。这里会集了在心理学领域做出了开创性工作的西格蒙德·弗洛伊德和阿尔弗雷德·阿德勒等人；也有在哲学和逻辑学领域创立了维也纳学派的学者。

维也纳学派提出的逻辑实证主义思潮，以自然科学为中心，形成了波普尔科学方法思想的起点。

到了二十世纪三十年代，波普尔开始与逻辑实证主义划清界限。1934 年，他出版了《科学发现的逻辑》，此书挑战了逻辑实证主义和基于归纳推理的科学方法。

对于波普尔来说，科学知识并不是通过确认假设和证据之间的关系来验证的。他认为经典的科学方法是有缺陷的，这种方法需要先建立假设，然后通过反复的实验和观察来证实理论。例如，一位科学家假设克罗恩氏病会导致贫血，这位科学家会先对被诊断出患有该疾病的病人样本进行观察，结果发现所有的病人都出现了不同程度的贫血，因此，他最初的假设和所收集的证据之间的关系证实了他的理论。

波普尔的观点是，在这个例子中只要有一两个病人没有出现贫血，就能证明最初的假设是错误的，再多的观察也不能提供绝对的、毋庸置疑的证据。波普尔认为，科学方法的转变是科学进步的唯一途径，正确的科学方法不是去观察证明似乎可以被证实的东西，而是当一个假设为错的时候去发掘实例。波普尔将这一过程称作"证伪主义"。

回到克罗恩氏病和贫血的例子，虽然大量的样本体现出了两项疾病的连带关系，但有一些并没有。结论是克罗恩氏病患者有可能会出现贫血，因为证据得到了"充分地证实"。波普尔认为在寻找"真理"的过程中，太多的科学用确证（confirmation）混淆了佐证（corroboration），而一个假设的真实性实际上取决于那些体现理论和证据间的分歧的实例。

托马斯·库恩和范式转换

托马斯·库恩（Thomas Kuhn，1922—1996）是美国的物理学家和哲学家，于1962年出版了著作《科学革命的结构》，引起了当时学界的轰动。

库恩出生于辛辛那提，在哈佛大学学习物理和数学。在诺贝尔奖得主、物理学家约翰·范弗莱克（John Van Vleck，1899—1980）的指导下，他于1949年获得博士学位。后来，库恩在加州大学伯克利分校教授哲学和科学史。正是在这个时期，他开始通过科学知识发展史来发展他的思想。

他创造了"常规科学"一词来描述传统的科学方法，例如通过观察来验证假设，以形成和提供支持理论的证明。库恩将常规科学定义为在一个中心范式中解决问题的过程。

他认为科学知识从来都不是以线性的方式发展，而是由一系列中心范式组成，通过科学界的共识维持它们的规范性，直到一个问题变得无法解决为止。

从这个意义上而言，中心范式是重点的"转移"，取而代之的是一个新的范式和有待解决的新难题。一个典型例子就是尼古拉斯·哥白尼（Nicolaus Copernicus，1473—1543）主张太阳是太阳系的中心，而不是地球。

库恩概述了科学知识经历的三个不同阶段。

• 他将第一个阶段命名为"预知（prescience）"，这是对拉丁词"praescientia"的巧妙双关，意为"先见之明"和"前科学"（即科学之前）。预知阶段没有中心范式——例如哥白尼和他的天体运动模型。这个阶段的人们注意到了太阳的位置在变化，但没有模型来解释为什么。

• 随后常规科学观察太阳的运动，并判断太阳围绕地球旋转，这就成了中心范式。然而随着时间的推移，天文学家所进行的常规科学遇到了难题，因为并非所有的谜题——这里涉及其他行星的运动——都符合这种范式。

• 哥白尼1534年出版的《论天体的革命》一书引发了范式的转变，用一个新的中心范式取代了旧范式，迎来了一套亟待解决的新难题。

库恩认为一种新的范式之所以被接受，主要是因为它具有卓越的能力去解决常规科学遇到的问题，而伪科学则可以被定义为未能在这种范式中提供问题的解释。

这个观点可以被看作是对波普尔"证伪理论"的驳斥，因为未能在现行范式中解决难题，并不能就视之为方法的失败或无法证实假设，这仅仅是研究者的一个失败，所以这并没有驳倒中心范式的可行性。

范式转换并不会废除从以前范式中获取的知识，而是会将知识融合到新的范式中。如此一来，科学的进步并不仅仅是像人们一直认为的那样，它是在过去的基础上逐步建立起来的，而且也是通过一系列彻底改变科学界思维方式的革命取得的。

《科学革命的结构》受到学术界和大众的欢迎，是二十世纪最伟大的科普著作之一。

科学的无秩序状态

保罗·费耶阿本德（Paul Feyerabend，1924—1994）出生于维也纳，在伦敦经济学院跟随卡尔·波普尔学习哲学和科学哲学。

费耶阿本德最初凭借着与波普尔的"眼中钉"路德维

希·维特根斯坦（Ludwig Wittgenstein, 1889—1951）的合作，被授予英国文化协会的奖学金，但1951年维特根斯坦因癌症突然去世，致使费耶阿本德搬到了伦敦。在费耶阿本德学术生涯的早期，他受到波普尔"证伪理论"的影响，但在加州大学伯克利分校任职之后，他发展出了一种激进的科学哲学理论，这在一定程度上是受到其同事托马斯·库恩思想的影响。

在费耶阿本德具有突破性和争议性的著作《反对方法》中，他认为科学并不在其逻辑或方法上占有什么特殊地位，而在科学实践的历史中，为了推动科学知识的发展，没有一种方法不会在某些情况下遭到违背，所以科学家宣称的任何特权都站不住脚。

费耶阿本德对任何旨在通过将科学理论与已知事实进行比较，从而对其质量进行评估的指导方法持批评态度。费耶阿本德扩展了库恩关于范式转变和科学革命的观点，认为先前的理论可以对所观察现象的自然解释产生影响。在将科学理论与通过观察确定的事实联系起来时，科学方法论中包含着隐含的假设。费耶阿本德认为问题在于，为了使新理论与新观测结果兼容，这些假设需要做出变动。费耶阿本德的格言最能概括这一观点：在科学史上有"变化"，但不一定有"进步"。

费耶阿本德提倡一种无秩序的科学，包括传统上被认为是伪科学的领域，如超自然现象、占星术和神秘学。他相信科学方法严格的经验结构限制了创造力的发挥，从而阻碍了真正知识的发展。

费耶阿本德：懒惰的哲学家

他不是一个信奉新教工作伦理的人。在费耶阿本德死后出版的《消磨时间》一书中，他把他的学术生涯仅仅看作一种挣钱和在更愉快、更有价值的追求之余消磨时间的手段，他最主要的追求就是烹饪、吃、喝和歌剧。

1974年，他成为苏塞克斯大学的教授。当时他是学术界的国际名人，而他在苏塞克斯的演讲（当时这位不情愿的哲学家实际上懒得出席发表演讲）则成了传奇，有数百人参加，其中包括大量非学生。尽管他在这里的学生中很受欢迎，但仅仅两个月后，他就因为这所大学而声名扫地，他坚持每周工作十二小时。他说："每周一个讲座和许多其他课程，实在是太辛苦了。"巧合的是，费耶阿本德名字的德语单词"feyerabend"现在通常用来指工作或工作日结束的那一刻。

塔的论述

费耶阿本德在《反对方法》中反对科学中可疑的自然解释，例如"塔的论述"。自亚里士多德时代起，物理学就遵循以地球为中心的宇宙观：地球处于一个固定的位置，太阳和星星围绕着它旋转。1543年，哥白尼出版的《天体运行论》一书中，提出了一种以太阳为中心的宇宙模型。哥白尼的理论在当时备受争议，导致他与天主教会发生了冲突，因为将太阳放在宇宙的中心与《圣经》相矛盾。例如，《圣经·诗篇》中写道："耶和华立地在根基上；永远不会移动。"

"塔的论述"是对日心说的主要反驳依据之一。亚里士多德学派认为地球是静止的，因为当一块石头从塔上掉下来时，它正好落在塔下。根据目前对运动物体的观察，如果石头下落时地球在运动，那么石头就会"落在后面"，并呈一定倾斜的角度下落。然而石头却垂直塔身下落并会落在塔底，亚里士多德学派认为这就是地球没有运动的证据。

伽利略·伽利雷（Galileo Galilei，1564—1642）是哥白尼思想的早期支持者，他很快发现自己惹上了天主教会的麻烦。尽管伽利略的作品遭到宗教审判的压制，但费耶阿本德认为，伽利略并没有试图将他的观察结果纳入一个公认的模型之中，而是以科学真理的名义彻底颠覆了整个方法论。

四 你需要知道的关于政治和权力的哲学

政治哲学研究有关政府和国家的基本问题，包括自由、正义和法律的思想。政治哲学中的讨论通常涉及社会中个人和团体的作用和责任，并提出诸如此类的问题：什么是政府？政府有必要吗？政治权力如何合法化？政府应该保护哪些基本权利和自由？

然而，关于权力的哲学较少关注政治制度和国家组织的实际运行，它在讨论权力如何在社会中发挥作用时使用了更理论化的方法。

与哲学的大多数领域一样，西方的政治哲学传统可以追溯到古希腊，那个时期的城邦里开辟和发展出了多种形式的政治组织。例如"民主"一词（一个经常被误用、挪用和有问题的概念）源自希腊语"dēmokratía"，它是由"dēmos"（人民）和"kratos"（统治）两词演变而来的，所以"民主"的字面意思是"人民的统治"。最重要的政治哲学经典著作包括柏拉图的《理想国》、亚里士多德的《政治学》、托马斯·霍布斯的《利维坦》和尼科洛·马基雅维利的《君主论》。

柏拉图的理想国："公正的"人 /"公正的"国家

柏拉图最著名，也可能是最具影响力的著作就是广为人知的《理想国》，他在其中整理收录了一系列苏格拉底的对话。苏格拉底与雅典名流和柏拉图的兄弟，讨论"正义"这一概念的意义，以及它如何适用于个人和更广泛的社会。苏格拉底研究了一系列的问题，例如"人们做出公正的行为，是因为这样做对他们而言是好的吗"和"因此正义本身就是一件好事吗"。苏格拉底最终的问题是，我们如何定义正义以及一旦我们有了这个定义，正义的人是否比不正义的人更快乐、更公正。

柏拉图 / 苏格拉底概述了人类灵魂的三个层次结构，他们认为灵魂是不朽的，但被充满物体的物质世界所掩盖：

· 最顶层是灵魂中追求真理、知识和理解的理性与智力部分，以及哲学实践的基础。

· 第二层是灵魂中的精神部分，它受到荣誉和责任的驱使，会激发愤怒、愤慨和正义的热烈情绪。

· 第三层是灵魂中的欲求部分，试图满足我们的基本需求，但它可以被欲望和贪婪所腐化。一个人要想拥有"公正"的灵魂，那么这三个部分必须存在于和谐的权力关系中。

灵魂的理性部分必须具有支配性和决定性，精神部分起支撑作用，而欲求部分必须服从理性和判断。

柏拉图进而提出，一个公正的灵魂与一个公正或理想的社会（例如《理想国》这一标题）是相似的，正如灵魂包含一个由三部分组成的等级结构，社会亦是如此。最重要的是"护国者"，柏拉图将其定义为"哲学王"，即以公民的最大利益为核心的、代表着智慧和理性的人。统治者的支持者是"卫国者"或"士兵"，他们的工作是通过力量与忠诚来保护和支持荣誉与责任的价值观。底部是工匠或"生产者"，与灵魂的欲求元素相对应。当这三个部分之间的关系保持在一种和谐的平衡状态时，就会存在一个"公正的社会"；每一个群体都必须扮演好其必要的唯一的角色，必须在与其他群体的关系中保持适当的权力地位。

因此，"哲学王"负责决策和制定规则，"卫国者"必须支持统治者的原则，"生产者"只能运用自然赋予他们的天赋和技能，来满足社会的基本生存需要（食物、住所、衣物等）。从这个意义上讲，对柏拉图而言，正义是一种相互关联的专业化原则：这种规范要求每个人履行自然赋予他们的社会角色，不干涉超出其身份定义范围的事务。

正如柏拉图所写："做自己的事，而不多管闲事的人是正义的。"或者，简单地说，在"公正的国家"中，每个阶层和个体都有一套特定的责任和角色，一套对社会的义务，如果每个人都履行这些义务，就会产生一个和谐的社会。当一个人履行他的职责时，他会得到任何应得的荣誉和奖励；但如果他未能履行自己的职责，或者做了超出职责范围的事，则会受到适当的惩罚。

亚里士多德的城邦——幸福的乌托邦

在《尼各马可伦理学》的结论处，亚里士多德认为，任何对个体伦理学的分析，都会自然地延伸到关于社会和公共生活的伦理学，也即政治领域中，因为"人是政治的动物"。在亚里士多德的著作《政治学》中，他分析了他称之为城邦（polis）或希腊城邦的不同的宪法和治理方法。"政治"一词的字面意思是关于城邦（城市）的事情。对亚里士多德来说，城邦是最重要的政治和社会联系形式，它在规模和范围上不同于其他形式的社区伙伴关系，如家庭或村庄。城邦的目标是鼓励其公民过有品质和美德的生活，因为公共生活优先于私人事务。

《政治学》以对宪法和政治组织形式的考察和分析为开端。亚里士多德批判柏拉图的《理想国》，将柏拉图的核心信条解释为城邦的公民应该尽可能地共享东西，包括妻子、孩子和财产。亚里士多德社区的目标是实现统一，但亚里士多德认为城市本质上是多元化的地方，因为不同的人做出不同的贡献、扮演不同的角色、适应不同的社会阶层。这种多元性是城市运转、保持自治和自给自足所必需的。他的结论是，过去和当下的城市，以及政治组织理论，都没有达到理想的形式或目的。

根据亚里士多德的观点，有六种不同类型的城市，它们具有相互关联的宪法结构；其中三个是积极的、好的，另外三个是消极的、坏的。积极的是他所说的"共和政体"（理想国），即在城邦、贵族和君主的统治内，公民拥有神圣的宪法权利。消极的是民主政治、寡头政治和僭主政治。他还认为，僭主是一种不适当的政府形式，因为它只注重统治阶级的利益，寡头政治只注重富人的利益，而民主则代表了一种暴民统治形式。

> 因为僭主政治是一种只考虑君主利益的君主政体；寡头政治着眼于富人的利益；民主政治是穷人的政治：这些都不满足所有人的共同利益。僭主政治，就像我说的，是君主对政治社会实行统治者的统治；寡头政治是指财产者把控着政府；民主则相反，是指当统治者是穷人而非财产者。
>
> ——亚里士多德，《政治学》第二卷

亚里士多德认为，健全的政治组织应该建立在分配正义的原则之上，分配正义的原则规定平等的人应该得到平等的对待，不平等的人应该得到不平等的对待。人的价值应该根据他们对公民集体生活所做出的贡献来衡量。亚里士多德认为，尽管拥有一系列主权法律的宪政（politiea）是政治组织的理想形式，但如果君主认为其公民的利益不可侵犯，那么这种情况下的城邦治理也能达到理想效果。

在回顾了各种形式的政府之后，亚里士多德得出结论，有效的政治组织得益于强大的、受过教育的中产阶级，他们能够在贵族富人和贫困穷人之间发生利益冲突时进行调解。他把政府的职责划分为审议职能（规划）、法治的法律事务和为全体公民谋福利的行政决策。当出现一个反对统治阶级的群体并试图推翻现状时，宪法就会失效。亚里士多德警告说，将那些失权的少数群体排除在外是愚蠢的，政府应该采取温和、谨慎和尊重所有人的行动，以确保城市的稳定。

亚里士多德在描绘他的理想城邦时宣称，政府的最终目标应该是帮助每个公民获得幸福、美德和有品质的生活。美德可以通过自由地进行思辨和沉思而获得。城市规模要控制在便于管理的范围内，既要大到能够自给自足，又要小到足以让所有公民积极参与城市事务。此外，公民应该参与到兵役、政府事务、宗教服务之中，并拥有土地所有权。但亚里士多德认为不应期望公民扮演柏拉图所谓"生产者"的角色，因为手工劳作和食物生产是非公民的责任。

公民不能过工人或商人的生活，因为这种生活是不光彩的、不利于美德的。他们也不应该是农民，因为闲暇对于美德的发展和政治职责的履行而言都是必要的。

——亚里士多德，《政治学》第七卷

最后，亚里士多德提出了"闲暇"概念，这是一项涵盖阅读和写作、哲学、艺术、体操和音乐的教育计划，旨在提高生活质量、培养美德和善行。

霍布斯的《利维坦》和社会契约

托马斯·霍布斯（Thomas Hobbes，1588—1679）出生于威尔特郡的马尔默斯伯里，霍布斯很喜欢声称他是在西班牙无敌舰队到达的前夜出生的，但无敌舰队实际上是在他出生一个多月后起航的。他是当地一位牧师的儿子，在进入牛津大学之前，他首先接受了教会和私人教师的教育。作为一名才华横溢的学者，他的著作从古代历史①到几何学、科学和神学。但

---

① 1628年，托马斯·霍布斯出版了修昔底德所著《伯罗奔尼撒战争史》的第一部英文译本。

霍布斯在政治哲学领域最受尊敬，在英国内战最激烈时期，他写成了政治哲学的开创性著作《利维坦》。

在《利维坦》中，霍布斯旨在将科学原理应用于对人类行为的分析中，以便围绕政治组织的合法性得出一些结论。霍布斯本质上是一位唯物主义者，他与伽利略和那个时代欧洲的其他著名知识分子都很熟悉，他们对世界持机械论的观点：一个由永恒运动组成的世界，受到积极和消极的力量驱动。霍布斯哲学的核心是人处于"自然状态"之中，不受社会组织的束缚，受自身利益的驱使，注定要进行一场"所有人对抗所有人的战争"。

> 在这样的条件下，没有开展工业的空间；因为它所产生的结果不确定。因此没有农业产出；没有航海，也不可能使用海上进口而来的商品；没有高大的建筑；没有可移动和移除的工具，因为这需要很多人力投入；没有关于地球的知识；没有时间的记载；没有艺术；没有文字；没有社会；最可怕的是一直处于恐惧和暴力致死的危险之中；而人的一生，孤独、贫穷、肮脏、粗野、短暂。
>
> ——托马斯·霍布斯，《利维坦》

为了避免这种混乱和没有法律制约的状态，霍布斯认为公民社会应由"社会契约"构成。这是一项协商一致的协议，自治领土的臣民接受绝对君主的统治，以换取和平与保护。而保护臣民是君主的最高职责，与君主在社会契约中的义务相对应。

考虑到他撰写著作时英国政局的不稳定，所以《利维坦》出版后引发的争议也就不足为奇了。君主支持者反感霍布斯对传统君权神授——即上帝任命国王和女王统治国家——的否定。国会议员也对书中君主政体不受约束、高于立法的观点感到愤怒。尽管如此，《利维坦》在政治哲学史上仍占有重要地位。同时代的哲学家约翰·洛克（John Locke，1632—1704）和让-雅克·卢梭（Jean-Jacques Rousseau，1712—1778）在霍布斯的基础上进一步阐述了将社会联系在一起的社会契约概念。

托马斯·霍布斯与魔法石

在霍布斯生命的最后阶段，他邀请朋友们为他写墓志铭。最后，他认为最合适的是"这是真正的魔法

石"，但这句话由于某种原因没有被使用。听起来是
不是很耳熟？《哈利·波特》系列第一部的书名就被
J. K. 罗琳取作了《哈利·波特与魔法石》。

马基雅维利的《君主论》

尼可罗·马基雅维利（Niccolò Machiavelli，1469—1527）
是意大利的政治家、外交家、剧作家和诗人，也是文艺复兴时期
政治哲学的奠基人之一。他最著名的作品是《君主论》，一本关
于君主如何进行有效统治的指南，书中颠覆性的方面是：马基雅
维利含蓄地质疑权力世袭继承的合法性，并提出了"新君主"能
够夺取权力并维持城邦稳定的方式。

马基雅维利认为，为了维持权力，传统的君主/统治者必
须小心地平衡他所统治的社会中各种占统治地位的机构——教
会、贵族、司法等的利益。新的君主需要找到一种政治活动的
形式，能够为国家提供稳定，同时保留和维持最终权力。马基
雅维利认为，公共和私人的道德必须被默认为分开的，才能让
君主进行有效的统治。

　　由此可以认为，就算统治者的行为不道德，社会利益中的稳定和安全依旧可以实现。简而言之，目的（稳定和安全）证明手段（通常是可疑的道德和暴力行为）是正当的。因此，一个统治者不仅要关注名声，还必须在关键时刻愿意主动地做出不道德的行为。马基雅维利认为，对统治者来说被敬畏比被无条件地爱戴更有帮助，因为报复、恶果和惩罚的威胁手段能让人保持敬畏之心，从而促进社会稳定。受爱戴的统治者只能通过义务保持权力。因此马基雅维利主张，为了征服任何对君主权威的挑战，应行必要之举——在某些情况下，有方法地使用暴力或欺骗，包括灭绝整个贵族家庭是合法的。

《君主论》是一部讽刺作品吗？

　　马基雅维利在进行《君主论》的写作时，他的家乡佛罗伦萨正处于严重的政治冲突时期。在自己作为外交官和政治家的日常工作中，马基雅维利目睹了他背后的操纵者恺撒·博尔吉亚（Cesare Borgia，1475—1507）和他的父亲，教皇亚历山大六世（Pope

Alexander VI, 1431—1503）的暴行。尽管《君主论》被认为是潜在独裁者的指南，以及对主权国家和自治领土政治权力运作方式的分析，但一些评论人士认为，《君主论》实际上可能是一个精心设计的笑话和讽刺。让－雅克·卢梭认为，《君主论》应该被解读为十八世纪的政治小说和戏仿作品。在当代，政治哲学家列奥·施特劳斯（Leo Strauss, 1899—1973）和哈维·曼斯菲尔德（Harvey Mansfield, 1932— ）都认为《君主论》可以被解读为一部深思熟虑、滑稽讽刺的作品。

当两者必须要抛弃其一时，被恐惧比被爱戴更安全。

——马基雅维利，《君主论》

马基雅维利的核心观点是，骄傲和棘手的原则会导致软弱和低效的政府。这一前提在个人美德方面尤其正确。在古典的、亚里士多德式的观点中，美德应该被作为一种先天的（priori）东西得到欣赏和尊重。然而，统治者（君主）如果按照个人美德行事，往往不利于国家的稳定。同样，某些恶习虽然可能会引起不满，但野蛮的行为有时对国家利益而言是必要的。为什么在这样的条件下，野蛮的战争是正当的？马基雅维利顺着这一论述发展出一种观点，即获得民众的青睐是维持权力的最佳方式。因此，美德的表象可能比真正的美德更为重要，在某些情况下根据历史的判断，真正的美德反而可能被证明是错误的。

马克思主义哲学家、批评家安东尼奥·葛兰西（Antonio Gramsci，1891—1937）从《君主论》中获得了巨大的启发，他坚决认为马基雅维利并非为统治阶级写作，因为统治阶级已经知道如何实施"霸权"结构（即通过占主导地位的意识形态压制臣民的方法）。他认为马基雅维利试图教育被剥夺公民权和被剥夺财产的人，让他们了解权力的结构以及它是如何作用于个人和社区的。

福柯论权力和知识

米歇尔·福柯是法国哲学家、历史学家和社会学家，他与二十世纪六七十年代盛行的欧洲知识分子后现代主义运动有关。他的研究主要集中在权力如何在社会中发挥作用，这标志着他对传统哲学分析的背离，因为他试图发掘在国家机构中，如监狱、医院和教育机构，独立运作的权力形式。福柯拒绝被贴上"后现代主义"甚至"哲学家"的标签，他更愿意将自己视为"思想的历史学家"，同时将权力视为一种分散而具体的东西。他写道，"权力无处不在"，它支撑着知识和话语，创造了"真理的制度"。

福柯挑战了传统的观点，即权力是由人／群体通过某些行为／政策的统治或胁迫来行使的，他认为权力是分散和普遍的。福柯认为，"权力无处不在"且"来自四面八方"。福柯用"权力"（知识）来表示权力是通过公认的知识形式、科学理解和"真理"构成的。

福柯认为，"真理的制度"是科学话语和制度实践的结果，这些科学话语和制度实践通过教育体系、媒体以及跟政治经济中话语和意识形态的对抗，不断得到强化和重新定义。权力起到边界的作用，使个人行动的可能性受到限制，并依据各人的相对能力来划分和塑造这些界限。然而，福柯也认识到，权力并不一定是一种消极的、强制性的或压制性的，压抑个人自由的现象，也可以是社会中一种必要的、生产性的和积极的力量。《真相与权力》是福柯死后出版的随笔、论文和访谈集，在书中他写道：

> 我们必须彻底地停止用负面词汇来描述权力的影响：
> 它"排斥"、它"压制"、它"审查"、它"提取"、它"掩
> 盖"、它"隐藏"。事实上，权力是产生；它产生现实；
> 它产生物体的领域和真理的仪式。个人和其所能获得的知
> 识都属于权力的产物。

从这个意义上说，权力和知识可以被看作社会纪律和一致性的主要来源。二十世纪六十年代，福柯创作了一系列分析十八世纪欧洲行政和社会服务制度发展的历史著作。《疯癫与文明》追溯了从文艺复兴到十七世纪晚期的理性时代，社会对精神疾病的历史态度和政策。《临床医学的诞生》概述了医学专业的发展与诊所、医院的创建。《规训与惩罚》分析了监狱和刑罚系统的创建。福柯在这三部作品中都认为，支撑这些社会服务的话语和结构结合在一起，形成了权力分散的"学科技术"。它们的监测和评价制度不再需要传统封建专制的暴力或强制行为来进行强迫和镇压，因为人们已习惯于约束自己和遵守公认的行为准则。

福柯对各种关于权力和控制的方法格外感兴趣，比如：

• 监狱监控设备和边沁在十八世纪发展起来的"圆形监狱"。

• 学校的纪律结构。人口管理和控制系统。

• 包括性在内的身体行为的规范。

福柯还利用心理学、医学和犯罪学来定义，是什么构成了社会眼中的行为规范和异常行为。对福柯来说，肉体被控制从而行特定之事，这是社会通过他所谓的"生物权力"控制更广泛人群的一个缩影。规训和生物权力结合在一起，围绕着社会所接受的和排斥或压抑的东西，创造出话语和话语实践。

福柯权力论的一个主要方面是，它在某种意义上超越了政治权力的正常透明实践。福柯把权力看作一种日常的、社会化的、具体化的现象，但与此同时，它又是难以捉摸的。权力运作到如此程度以至于个人很容易遵守行为规范，而不需要刻意的强制，但我们往往对其视而不见。

然而，福柯并不认为现有社会条件不会遭到挑战，他认为行动和反抗具有可能性。他是一位活跃的社会政治评论员，曾是法国共产党成员——也是一位著名的同性恋权利活动家——他认为"有机知识分子"在社会和政治斗争中发挥了作用。福柯政治行动思想关注的关键是，我们识别和分析社会化规范和约束的能力与方法。对福柯而言，要有效地挑战权力并不需要挖掘"绝对真理"——这仅仅是一种社会建构的权力形式，只需要"将真理的力量从霸权、社会、经济和文化的形式中分离出来，而权力目前正在这些形式中运行"。权力发挥作用需要两个方面：一种话语（或话语实践）和一个社会或政治机构。当然，相反的替代话语也会涌现。

话语不是彻底屈从或反抗权力……我们必须体谅这一复杂而不稳定的过程，因为话语既可以是权力的一种工具和一种结果，也可以是阻碍权力的绊脚石以及与权力相反的策略的开端。话语传播和产生权力；话语加强了它，但也破坏和暴露了它，使它脆弱，使它有可能挫败。

——米歇尔·福柯，《真相与权力》

五 你需要知道的关于宗教的哲学

宗教哲学研究考察的对象包括：上帝的本质和存在，宗教信仰的伦理含义，信仰、理性、经验和传统之间的关系，以及"罪恶问题"。宗教哲学也涉及哲学的其他分支，包括形而上学、道德认识论、科学哲学，甚至在某种程度上会涉及语言哲学。

"宗教哲学"一词最早出现于十九世纪，是为了建立一门有别于传统神学的独立学科的尝试。神学或宗教哲学，从定义上讲，是对上帝的本质和宗教信仰体系的批判性研究。由于这些体系大多数都把神或神的存在作为公理，所以神学负责为特定的宗教意识形态框架提供解释，为宗教意识形态框架的反映寻求证明和支持。宗教哲学会提出诸如"有何理由相信上帝的存在"和"上帝有可知性吗"的问题，神学的立场则是上帝的存在是不言而喻的。

然而，在某一个方面上，宗教哲学使得各种描述宗教信仰形式和特性的"论"如雨后春笋般冒了出来，如有神论、一神论、自然神论和泛神论等，而且它们又各自都有不同的分支和变种。

"论"的终极实在

宗教信仰和价值体系的核心是"终极实在"的概念，一种至高无上的、终极的、从根本上支撑着一切存在的力量或权力。至于这个终极实在是如何运作或建立和显现其本身的，不同宗教的看法有所不同。"有神论"是一种广泛的信仰，认为宇宙中存在着一种至高无上的存在，它是超越性的、无所不知的（全知）、无所不在的（全见）、全仁的（全爱的、全德的）、无所不能的（全能的）。

"有神论"一词源于希腊语"theos"或"theoi"，意为"上帝"，最早由英国神学家和哲学家拉尔夫·卡德沃斯（Ralph Cudworth，1617—1688）使用。卡德沃斯在他的著作《宇宙的真正知识体系》中写道，有神论普遍持有一种信念，认为"有一种完美的有意识的智慧的存在或精神，在永恒中永恒，是引起一切万物的原因"。作为托马斯·霍布斯的强烈反对者，卡德沃斯创造了"有神论"这个词来与他认为正在促进无神论的哲学趋势形成对比。

在有神论中有两个截然不同的分支：一神论和多神论。一神论宣扬的观点是，只有一个上帝，比如犹太教、基督教和伊斯兰教这几个被亚伯拉罕信念（Abrahamic faiths）所信奉的教派。

亚伯拉罕宗教信仰，据说源自先知亚伯拉罕——他在不同神圣文本和解释中均出现过——是具有排他性的一神论，即认为只存在一个神，崇拜其他神是错误的。相反，包容的一神论认为，只有一个上帝，不同宗教中以不同形式存在的神，只是同一个上帝的不同名字。所有的一神论宗教都是建立在上帝本体独立的这一信念之上的，也就是说，上帝不需要在世界上以实体和客体的表现形式存在。

多神论相信存在着多个神，通常与自然现象相联系。在基督教出现之前，多神论宗教在古埃及、古希腊、古罗马以及北欧的异教中尤其盛行。今天的多神论宗教主要有印度教的一些分支、中国的传统宗教和日本的神道教仪式。

上帝的存在 第一部分

坎特伯雷大主教的初步研究

坎特伯雷的安瑟伦（Anselm of Canterbury, 1033—1109）是一名本笃会修道士和神学家，在其 1078 年的著作《证道篇》中提出了首个关于上帝本体独立性的论述。他把上帝定义为"没有什么可设想的东西比这更伟大"，并认为这个实体必然存在于思想中。即使是否认上帝存在的无神论者，其思想中也必然存在一个终极实体的概念，这样才能否认它的存在。所以安瑟伦认为，如果最伟大的实体存在于思想中，它也必然存在于现实中。安瑟伦还提出，即使它只存在于思想中，我们的思想也可以想象：一个更伟大的实体同时存在于思想和现实之中，但其在本体上独立于我们的感知。

安瑟伦的观点被另一位十一世纪的本笃会修道士，图尔的高尼罗（Gaunilo of Tours）驳斥了。在他的著作《为愚人辩》中，高尼罗提出了一个名为"失落之岛"的完美存在来检验安瑟伦观点的逻辑。

• 存在一个失落之岛，没有什么可设想的岛屿比它更大。

• 它在现实中比想象中的更大。

• 如果失落之岛在现实中不存在，你可以想象现实中存在一个更大的岛屿。

• 因此，失落之岛存在于现实之中。

高尼罗的反对意见是，由于失落之岛并不存在，所以用来断言它存在的逻辑是有缺陷的。如果失落之岛的逻辑有缺陷，那么上帝存在——既在思想，也在现实之中——的推理也一定是有缺陷的。安瑟伦回应指出，他自己对上帝的定义是"没有什么可设想的东西比这更伟大"，所以他的论点只能适用于上帝的至高权力，而不是岛屿（或上帝所创造的宇宙万物）。

平心而论，安瑟伦的论证意在对他自己如何理解上帝的存在进行个人思考／观察，而不是像康德后来认为的——这是安瑟伦将本体论逻辑应用于上帝存在问题的早期尝试。不幸的是，安瑟伦打开了一罐哲学蠕虫，这罐蠕虫在近一千年后仍在肆虐。

上帝的存在 第二部分

圣·托马斯·阿奎那的五种证明

圣·托马斯·阿奎那是多明我会的牧师、神学家和哲学家。他被学术界称为"天使博士"（即全能博士），他一生致力于用亚里士多德的哲学推理来整合统一基督教神学，人们普遍认为他是最有影响力的基督教哲学家之一。阿奎那最著名的两部作品是《哲学大全》和《神学大全》，前者是为帮助早期基督教传教士而写的，后者是为进入教堂学习神学的年轻僧侣提供的教材。《神学大全》包含了神学和哲学界所知的关于上帝存在的"五种证明"。与坎特伯雷的安瑟伦以上帝概念为中心的"本体论论证"相反，圣·托马斯的证明借鉴了亚里士多德的与人们对世界的经验和观察相关的推理方法。五个证明如下：

• "运动论证"。在阅读亚里士多德的著作时，阿奎那得到启示并从普遍的观察中得出了结论：宇宙中的物体在运动。任何处于运动中的物体都是由其他物体或力量驱动的，而相应的，这些物体或力量的运动也受到其他物体或力量的驱动。没有物体能够自己移动。如果每个运动中的物体都有一个"推动者"，那么第一个运动中的物体也需要一个"推动者"，即开启运动的不动推动者。阿奎那的结论是"不动的推动者"一定是上帝。

• 扩展上述论证，以考察事物存在间的因果联系。我们可以对世界上由其他事物引起或创造的事物进行观察。没有任何事物可以是自身的动因，也没有任何事物可以从无到有。没有一个无因的起点，就不可能有一个无限的因果和创造的过程。这个"第一起因"一定是上帝。

• 阿奎那所谓的偶然或可能存在与必要存在之间的区别。对于偶然存在或物体，有一段时间它们不存在（在它们出现之前），也会有一段时间它们不再存在。然而，不可能每个事物都是偶然的，因为这会意味着曾经有一段时间什么都没有，后来又出现了。因此，一定有一个必要存在为所有偶然实体所存在，这个必要存在一定是上帝。

• 阿奎那对人类评估宇宙万物品质的能力进行了观察，即所谓的"完美程度论述"。当我们评价一幅画比另一幅画更美，或者一个人比另一个人更有道德时，这些品质的判断依据是完美的概念。虽然我们对事物和人应该是什么样子有一定的标准，但是只有在尽善尽美的实体存在的情况下，我们才能发展出这些标准。我们用以判断一切品质的完美存在，一定是上帝。

• 阿奎那的最终证明形成了所谓"智慧设计论"的基础。他的观点是，宇宙中所有的自然事物都是因某种目的而设计的，比如鸟类的翅膀可以帮助飞行，耳朵可以处理声音。因此阿奎那的结论是，如果一切都是为目的或意图而设计的，那么它就不可能是偶然进化而来的，而一定是由一位聪明的设计师所设计的——那一定是上帝。这最后一个证明被称为"目的论"。目的论研究的是自然过程中的意图、目的和目标。

阿奎那和"天使博士"

传说，为了阻止阿奎那成为多明我会的托钵僧，家人把他锁在了一座塔里，他们更希望他成为本笃会的修道士——这个身份更有名望。在塔里的时候，一个妓女被送到他的房间，企图用色诱来打破他的弱点。惊恐万分的阿奎那拿着一根燃烧的木柴把她赶跑了。然后他用那根木头在房间的墙上画了十字架，跪在十字架前祈祷。随即，两个纯洁的天使出现了，在他的

腰上系了一条"天使腰带"。从那天起，他开始免疫
一切淫邪的想法或行动。正是这种"神圣的纯洁"，
被认为是圣·托马斯和他神学思想的关键，也是"贞
操带"这一抵御淫欲的发明的灵感。如今修道士佩戴
"天使腰带"以象征并祈愿神圣纯洁。

威廉·佩利的钟表匠理论

威廉·佩利（William Paley，1743—1805）是英国的牧
师和哲学家，以其著名的《自然神学》而闻名。在书中，他用
一个有趣的"钟表匠类比"假说，提出了一个目的论的观点。

佩利认为如果他走过一片荒地，踩在一块石头上，问这块
石头是怎么来的，他很可能会得出这样的结论：这块石头一直
都在那里。然而，如果他在穿过荒地时发现一块手表，他却不
会认为它是偶然到那儿的。然后，佩利将手表的复杂性与自然
界的复杂性进行了类比，并指出世界也呈现出类似或更高级的
复杂性："手表中存在的每一种发明的迹象、每一种设计的表
现，都存在于大自然的作品中，并且自然方面的设计更大或更

多，从某种程度上超过了一切计算。"

因此佩利猜测，既然"相似的原因产生相似的结果"，而手表和自然界都展现出相似的复杂、智能机制的迹象，就表示这两者都是由"智慧的设计师"设计的：表是钟表匠所造，世界是上帝所造。通过这个论述他得出结论，存在着一个智慧的上帝，这个上帝创造了宇宙和自然世界。

佩利的后验类比和论证，基于经验而非逻辑，是基于"相似的原因产生相似的结果"这一假设前提；在这种情况下，由于机械（如手表）和自然界具有相似的设计特性，所以可以推出两者都由智能设计师创造。但佩利并没有深入论证这个假设，也没有解决这个问题：自然界的创造与手表的创造有多相似？

一个经常被错误地归因为大卫·休谟（他在佩利的《自然神学》发表前 25 年就去世了）的反驳观点，采用"相似因果"的概念指出了这个逻辑中的一些潜在缺陷。例如，一个复杂的机器如手表，通常是由一个团队，而不是一个人设计完成的——矿工和钢铁工人提取和制作材料，工厂工人制造零件和组装手表。因此，如果扩展这个类比，它将表明自然世界 / 宇宙是一群智能设计师 / 神——而不是单一的终极存在——的作品。这一论点与佩利的一神论大相径庭。

另一个反对这种类比的理由是，复杂的机器是在反复试验的过程中创造出来的，每一个新版本都经历了多年的进化和改进过程，现代技术的迅速发展就是这一过程的例证。如果佩利的类比有用，那么上帝对自然界/宇宙的"设计"也必须是一系列不断进行的实验，其中的缺陷和不完善之处需要加以纠正和改进。但是，将上帝看作实验者与全能、仁慈的终极存在相矛盾。

1859 年，查尔斯·达尔文（Charles Darwin，1809—1882）发表了《物种起源》一书。达尔文这一具有标志性且颇有争议的成果之所以重要，原因有很多，但在这里我们需要强调：

• 它引入了一个科学理论，即种群是通过自然选择的过程代代进化的，自然界中的生命多样性是共同的起源通过不同的进化模式而形成的。

•《物种起源》的第一版中数次引用"创造（creation）"和"造物主（The Creator）"这两种观点来阐述物种的演变——后者似乎能显示达尔文相信上帝通过"自然选择的设计"来创

造物种。但是这就造成了争议，因为两个词从根本信仰上是冲突的，前者认为物种是设计层次中不变的部分，后者认为人类是独特的并与其他动物没有关联。

· 达尔文后来改变了主意，称他在宗教方面为不可知论者。正如他在自传中所写的那样："佩利提出的关于自然界设计的旧论点，在我看来曾经是决定性的，现在是失败的，因为自然选择法则被发现了。例如，我们不能再争辩说，双壳贝精美的铰合部分是由智慧实体制作的，就像人制作门的铰链一样。在有机生物的多样性和自然选择的作用中，似乎没有什么比风吹的过程更具设计性了。自然界的一切都是固定规律的结果。"

进化生物学家理查德·道金斯（Richard Dawkins，1941—）在其《盲人钟表匠》一书中，进一步驳斥了佩利的钟表匠类比。道金斯，这个达尔文式的科学家，认为自然选择足以解释自然世界显而易见的功能和复杂性，甚至可以说自然选择在自然界中扮演了佩利的"钟表匠"角色，虽然它是一个自动的、不受任何设计者引导的、非智能的、"盲人钟表匠"的过程。

上帝的存在 第三部分

罪恶和苦难的问题

这个问题被认为是反对上帝存在最有力的论据之一。简言之就是，如何调和上帝是全能全仁的传统观念与罪恶和苦难的存在。

德国数学家、哲学家戈特弗里德·莱布尼茨（Gottfried Leibniz，1646—1716）在他1710年的著作《神正论》中提出了"神正论"一词，用来描述一个框架：这个框架能证明尽管存在着罪恶和苦难，上帝的存在仍然是可信的。莱布尼茨的论证是这样的：

· 他首先肯定上帝有无限的智慧和力量，是一切善的源泉。然而人类并不是全能的，他们的智慧和行动能力是有限的。

· 此外，上帝赋予人类自由意志的能力，正是这种能力使人类倾向于错误的信念、糟糕的决定和消极的行为。

· 上帝不会不加区别地给这个世界带来痛苦和折磨；上帝既允许"道德上的罪恶"（人类的罪恶思想和行为），也允许"物质或自然的罪恶"（人类无法控制的自然原因，如地震、饥荒、疾病和干旱等造成的痛苦和苦难），因为这些都是"形而上罪恶"的基本后果。

• 这个形而上罪恶的概念描述了生命有限的本质，它具有局限性和不完美性，与全能上帝的完美形成对比。因此，由于人类是不完美的，所以罪恶形式的存在是一种手段，帮助人类通过对照完美上帝的标准来识别、衡量和纠正他们的错误行为和决定。但要注意的是，他的观点受到经院(宗教)哲学界的批评，被认为是一个错误的罪恶概念，因为它意味着局限性和不完美性是错误的，而且运气和命运中存在着一些隐含的罪恶。

1955 年，澳大利亚哲学家 J.L. 麦凯发表了一篇名为《罪恶与全能》文章。他认为之所以出现逻辑上的罪恶问题，是因为一神论教派坚持认为上帝的全能是没有限制的，因为他是无所不能的。此外，"神正论"实际上限制了上帝的力量，但欺骗性地保留了对"全能"的确信。上帝被逻辑必然性所束缚，却允许"自然罪恶"（地震等）作为不完美的形而上罪恶的结果。

由于上帝不能执行逻辑上不可能的行为，所以他不是万能的，因为他受制于他所创造的因果规律。上帝也不能让时间倒流来阻止地震的发生，因为这会证明引入恶作为衡量善的手段

是形而上的缺陷。因此上帝创造了一些他无法控制的东西，他
不是万能的。

许多"神正论"辩护者称，没有罪恶的存在就没有善，因
为罪恶是衡量善的必要对立物，麦凯指出：

• 某物的存在并不一定需要对应物。例如，"为了让我们
感知到红色，所以宇宙中存在其他颜色"看似合乎逻辑，其实
未必如此。假设宇宙中的一切都是红色的，这种情况下，虽然
我们没有能力感知它与其他颜色的区别，也不会为这种无处不
在的颜色取一个名字（"红色"），但客观上它仍然存在。

• 恶的存在并不是为了丰富更高层次的善。不然就会与
"善恶对立"的前提相矛盾——如果有更高层次的善，那么必
然也有更高层次的、全能上帝无法控制的恶。麦凯的结论是，
"神正论"中对全能的依赖，在逻辑上与任何形式的邪恶存在
都是不相容的。

美国哲学家和神学家罗威廉（William Rowe，1931—
2015）在名为《罪恶问题和若干种无神论》的一篇文章中提出，
虽然从表面上看上帝允许一些"有限的"苦难使人类能够成长

和发展（"更好的善"）是合理的，但上帝允许罗威廉所谓的"强烈的苦难"却是违背神性的，比如无助的动物无意义地饱受折磨。他认为一头小鹿在森林大火中被困，就是毫无意义的动物受难的例子。

对罗威廉而言，一个无所不能、无所不知的存在，根据其定义，将会意识到剧烈的痛苦正在发生，并能阻止其发生。如果罪恶和苦难是毫无意义的，没有目的并且可以避免的，那么一个博爱的存在可能会阻止其发生，除非这样做会干扰"更高的善"，或者导致同样罪恶和糟糕的事情。由于毫无意义和可以避免的苦难在世界上普遍存在，罗威廉得出结论，全能的上帝并不存在。罗威廉的观点被认为是"依据罪恶来论证"的一个例子。

希波的奥古斯丁：从罪人到圣人

莱布尼茨对"神正论"的表述深受早期基督教哲学家和神学家圣·奥古斯丁（St Augustine，354—430）思想的影响。希波的奥古斯丁出生在阿尔及利亚的罗马城市塔加斯特，他在迦太基这一著名的学府里学习拉丁语和修辞学。尽管奥古斯丁的母亲是基督教徒，父亲是异教教徒，但他本人信奉摩尼教——一种宇宙论信仰，关注善 / 恶与光明 / 黑暗等对立力量之间的永恒斗争。然而在迦太基期间，他遭受诱惑，过着一种被认为是罪恶的生活，酗酒并放纵他贪婪的性欲，他拥有一个私生子和一个情妇。

有一天，在奥古斯丁对自己的享乐主义感到绝望之时，他贸然地走进了一个花园，在那里听到了一个孩子的声音告诉他让他回家读书。他回到家里，打开的第一本书是《圣经》。随机翻开的一页，他看到保罗写给罗马人的书信："不参与骚乱和酗酒，不好色和放纵，不可争竞嫉妒，而是信仰主耶稣基督，不要为肉体来满足自己私欲。"

奥古斯丁把这件事看作是全能上帝的旨意，于是他便摒弃了自己放纵的生活，投身到了对上帝的信仰中。他很快皈依了基督教，回到了他的祖国阿尔及利亚，并于公元 396 年被任命为希波主教。

他的神学理论主要集中在以下几个方面：

• 上帝创造人类和天使，让他们作为拥有自由意志的理性存在。

• 上帝无意让自由意志在善与恶之间做出选择——从这个

意义上说，自由意志是一种从罪恶中解脱出来的意愿。

• 正是亚当和夏娃的悖逆，使伊甸园倒塌，破坏了人类的
意志，让世人受苦。

• 虽然奥古斯丁认为自由意志能够被腐蚀，但他仍然坚持
认为，自由意志的存在对于人类灵魂拥抱恩典和免于诅咒是至
关重要的。

• 作为莱布尼茨形而上罪恶概念的追随者，奥古斯丁还认
为人类可以行使罪恶，并不是因为他们本身是邪恶的，而是因
为他们不具备上帝的神圣完美。因此尽管他们可以被拯救，但
他们是容易堕落的。

奥古斯丁把他的余生奉献给了基督教，放弃了他所有世
俗和物质的财富，将时间花在布道和写作上，并发展出了天主
教神学的一些基本教义。奥古斯丁也强烈反对奴隶制，他认为
奴隶制是罪恶的产物，违背了上帝的意愿。奥古斯丁在其著作
《上帝之城》中写道，上帝"并没有打算让这种按自己形象创
造出来的理性生物凌驾于万物——除了非理性生物之上，不是
人高于人，而是人高于野兽"。

六 你需要知道的关于语言的哲学

语言哲学，特别是在二十世纪中后期，发展成了哲学，以及相关学科如批判理论、社会科学和人文学科的主要关注点之一。哲学在分析和评价语言的功能、语言的起源、意义的本质、语言的使用和认知，特别是语言与现实的关系方面有着悠久的传统。

语言哲学提出的问题诸如：

- 什么是意义？

- 语言是如何与现实世界相联系的？

- 语言是后天习得的还是与生俱来的？

- 一个句子的意义是如何从组成它的各个字词中产生的？

柏拉图和命名事物

柏拉图特别感兴趣的是，我们如何或为什么要给事物命名，以及正确地命名给定事物的标准。在对话集《克拉底鲁篇》中，苏格拉底被要求解决两位雅典哲学家——与书同名的克拉底鲁和他的朋友黑摩其尼之间的争论。

他们的争论源于对物体名称本质的分歧。克拉底鲁提出了一个观点，即事物的名称是自然衍生的称谓，代表着客体、基本思想、概念或情感。但是黑摩其尼认为事物的命名是通过惯例来进行的，而惯例又是通过使用这些名称的社区或社会团体的共识而达成的。苏格拉底向黑摩其尼提出了问题，例如有什么可以阻止一个人将人称呼为马，反之亦然，黑摩其尼承认一个人可以用不同的名字来称呼事物，超越公认的惯例。整个对话——其中包含一些对希腊语词源深奥、有几分可笑的沉思——在克拉底鲁断言名字自然是它所描述事物的本质的一部分（"自然主义"）和黑摩其尼坚持认为名字是惯例的产物（"约定主义"）之间来回切换。

苏格拉底的立场（也是柏拉图的立场）似乎也在两个截然相反的论点之间摇摆不定。

• 一开始他似乎是站在克拉底鲁一边，批评约定主义，可能一部分原因是克拉底鲁的观点与古希腊有关宇宙万物自然秩序的形而上学观点相呼应。

• 他认为某些"有意义的词语"或哲学上重要的概念不能通过惯例任意地赋予它们名称，而要对它们所代表的事物进行对应的描述。

• 他在对话的最后还认为，事物可以有一个客观的实在，超出我们所能感知的范围，因此如果事物有一个我们无法观察到的实在，那么单纯的语言就不能被认为是对事物自然本质的完美概述。从这个意义上说，需要遵守一些约定俗成的要素，它存在于与它所描述的对象相对应的音素中。

亚里士多德的解释

柏拉图的学生亚里士多德提出了一个关键问题，即在系统和形式化的分析中，将语言与逻辑相联系后，意义是如何通过语言传达的。

亚里士多德的著作《解释篇》首先将字词定义为"灵魂的情感"。大多数学者一致认为，亚里士多德所说的"情感"指的是功能，而"灵魂"指的是人类的思想。因此，灵魂的情感/激情是大脑的工作方式，或者更确切地说，是大脑指挥和感知事物的机制，而语言是其中的关键组成部分。

亚里士多德的《解释篇》开篇讲道：

• 列出范畴及其不同的功能、相似之处和矛盾之处。

• 他接着断言，尽管不同语言之间的口头和书面符号不同，但所有人的心理体验都是相同的。例如，英语单词"cat"和西班牙语单词"gato"是不同的符号，但它们所代表的精神体验，譬如猫的概念，对于说英语和说西班牙语的人来说是相同的。

• 进一步来说，单独的名词和动词不能决定真假。与柏拉图所不同的是，亚里士多德认为名词（名称）对它们按照惯例所描述的主题具有意义，但与时间无关，而动词通过构成时态反映时间。例如："I will eat fish tonight（我今晚将要吃鱼）"（将来时）和"I ate fish yesterday（我昨天吃了鱼）"（过去时）。不构成时态的单独的动词只能与现在的时间产生关联。

• 亚里士多德随后将注意力转向句子，他认为尽管单独的单词具有意义，但只有句子（单词之间相互关联）才有能力形成连贯的表达，如疑问、陈述和感叹。句子通过其组成部分（主语和谓语）之间的相互关系，能够表达肯定或否定。

• 对于亚里士多德来说，区分孤立的词语和组合的词语如何表达不同的意思是很重要的，因为就哲学而言，它对评判命题有着深远的影响。

• 简单命题包含一个动词，它修饰句子的主语，并指向一个事实："今天将会下雨。"复杂命题由复合形式的几个命题组成："风会吹走云，今天不会下雨。"

• 我们通过断言来肯定或否定命题的有效性。例如，"人是动物"断言人类属于动物王国。反过来，"树不是动物"否认"树"是"动物"。

• 亚里士多德将他的分析扩展到他所描述的"普遍命题"和矛盾问题之中。对矛盾而言，一个一定是对的，另一个则是错的。矛盾不能同时为真，虽然它们可以同时为假，因此它们的相反面也可以同时为真。例如，"每个政客都是骗子"和"没有哪个政客是骗子"都是假的。但它们的相反说法，"有些政客讲真话"和"有些政客不讲真话"，都被认为是正确的。

• 当分析与过去和现在有关的矛盾命题时，一个必须为真，另一个必定为假。因此，"It rained yesterday（昨天下雨

了)"和"It didn't rain yesterday（昨天没有下雨）"制造了二元对立"It either rained or it didn't（昨天要么下雨了，要么没下）"。但是，句子主题在表达将来时态的命题时，就不适用于真 / 假规则，因为这不符合概率。

未来偶然性的问题

　　亚里士多德用所谓的"海战案例"来描述未来命题中的概率问题。就拿"海战将会发生"这个命题来说吧，与之相对的是"海战将不会发生"。在这两种情况下，为了符合未来的现实，一个命题要么是对的要么是错的。然而，如果这场海战发生了，那么对过去而言将来会发生海战是真的，因为在未来是真的命题，在过去也会是真的。相反，如果没有发生海战，那么对过去而言未来就永远不会发生海战。

　　但这未来事件 / 过去真理的二分法带来了以下问题：如果"海战将会发生"的命题永远为真，那么就没有能阻止它发生的时间点；如果"海战将不会发生"的命题永远为真，那么就没有煽动它发生的时间点。因此，要么发生海战是必然的，要么不发生海战是必然的。而这个论点所包含的事件的"必然性"

只是过去的必然性。因此，当我们认为我们无力影响过去的宪法时，也要想到我们无力影响未来的宪法。正如过去对现在的我们是封闭的，我们的未来也是如此。

亚里士多德的根本解决方案是否认未来的偶然陈述具有真实价值，因此"海战将会发生"和"海战将不会发生"都非真非假。

> 在这种情况下，两个命题中的一个一定为真，另一个一定为假，但我们不能肯定地说这个或那个命题为假，而必须不去抉择。其中一个命题可能确实比另一个更有可能是真的，但它既不可能是真的也不可能是假的。因此很明显，对肯定和否定而言，没有必要一个为真一个为假。因为在有潜在可能但实际不确定的情况下，适用于确切命题的规则并不适用。
>
> ——亚里士多德，《解释篇》

什么是意义？

在十九世纪和二十世纪，人们对语言哲学的兴趣历经了某种程度的复兴，其中尤其功不可没的是戈特洛布·弗雷格（Gottlob Frege，1848—1925）、路德维希·维特根斯坦和伯特兰·罗素（Bertrand Russell，1872—1970）所做的开创性工作，以及在费迪南·德·索绪尔（Ferdinand de Saussure，1857—1913）死后出版的《普通语言学教程》。

索绪尔的论文具有很大的影响力，为符号学（关于标志和符号的科学）和结构主义（揭示人类思维和行为潜在模式的理论框架）的发展铺平了道路。关于索绪尔对语言学的贡献，其理论基础是语言由两个独立的层次构成，他定义为"语言（langue）"和"言语（parole）"。

• "语言（langue）"的层次包括构成语言（language）的基本原则和系统性的规则、抽象概念与惯例。（索绪尔使用"符号系统"这个术语来描述"语言"，因为它也可以指视觉或非口头语言。）

• "言语"（意思是"说话"）是一种沟通的行为，可以是口头的，也可以通过书面或通过符号和手势。只有通过"语言"来理解符号两部分之间的关系，才可能理解交流或"言语"的本质。

没有对"语言"的理解,"言语"就是毫无意义的声音或符号的任意组合。索绪尔以国际象棋为例,来解释"语言"和"言语"是如何相互作用的。"语言"与国际象棋的规则相对应,而"言语"则代表棋手落子的选择。我们可以分析一场国际象棋的每一步棋(言语)然后获得来自这个分析(通过识别重复模式)的游戏规则,但实际上这全部的过程正是通过揭示"语言"这一指导原则,使游戏能够作为整体运行。

尽管索绪尔的思想为交流中的意义结构提供了一个理论框架,但它们并没有解答意义如何联系和代表我们周围的世界。弗雷格提出,为了建立和理解语言如何代表现实,需要将我们对意义的直觉概念进行区分,这与索绪尔的语言概念大致相符。

弗雷格是语言学中间接指称理论的早期倡导者,那它都包含些什么呢?

• 词语或符号指的是外部世界的事物,符号的意义并不仅仅局限于与之相关的对象(或事物)。

• 弗雷格将每个表达(包括句子)的语义价值划分为两个部分,并将其命名为"Sinn"(大致翻译为"含义")和

"Bedeutung"（"意义"或"指称"）。

• 句子的含义是句子所表达的抽象、普遍和客观的思想，也是句子所指称对象的表示方式。

• 意义是单词在现实世界中与之相关的一个或多个对象，因为它们代表真实价值（真或假）。

• 感觉决定指称，但是关于相同对象的指称可以有不同的含义。

• 弗雷格引用了两个常用来描述金星的短语来说明他的观点："启明星"和"长庚星"。虽然这两种表达方式都有相同的指称（Bedeutung），但在现实中含义（Sinn）是不同的，它们表示了金星可以在一天中的不同时间被看到。

"意义是什么"的答案比表面看起来要复杂得多。词典中将"意义"的定义描述为，人们在交流时有意或无意地通过某种语言形式所交换的单词或符号（或行为）所承载的内容。可以说，语言意义有两种本质上不同的形式。

第一，概念意义是指单词本身的定义以及这些定义的各个方面，包括它们各自的语义价值。

第二，联想意义是指交流者的个体心理认同，这些心理认同可能是由集体和社会内涵所反映或决定的。

诺姆·乔姆斯基的语言革命

二十世纪五十年代中期，美国语言学家和哲学家诺姆·乔姆斯基（Noam Chomsky, 1928—）用《句法结构》一书在语言学分析领域发起了一场革命。他对儿童通过教育和经验习得语言的公认观点提出了挑战。

对他来说，掌握语言的速度表明，一定存在天生的语言倾向。他认为这意味着存在着一个不为人知的普遍语法，不管遇到什么语言，都能提供快速识别的规则。语言知识分为两个层次：深层结构，指普遍语法由所有语言共享；表面结构，它涵盖一个特定语言中的特殊声音和文字。乔姆斯基认为，我们的语言能力都是与生俱来的，他在《笛卡尔语言学》一书中重申了这一观点的理性主义和经验主义含义。

维特根斯坦与语言使用的理论

路德维希·维特根斯坦是二十世纪最重要的哲学家之一，他出版了两本关于语言哲学的著作：《逻辑哲学论》和《哲学研究》。维特根斯坦在关于语言的写作上值得注意的一点是，他在这两部作品中的立场截然不同。《逻辑哲学论》（后来成为他在剑桥大学的博士论文）概述了语言表征理论的基础，他称之为"图像理论"。

对于维特根斯坦来说，至少在他早期的作品中，我们对"世界""现实"的理解是一大堆命题。命题的目的是建立事实（真或假）和能够在语言中被看到或"描绘的"主要事实。他认为"世界是事实的总和，而不是事物的总和"，我们对这些事实的理解必然是由逻辑决定的。因此，哲学的目的是把语言剥离回它的逻辑形式，以便我们能够更清楚地了解世界的现实。然而问题是，语言并不处理这些图片／事实——猜测、情感、审美描述、价值判断等等，也不符合纯粹的逻辑，如此一来它就变得毫无意义。因此维特根斯坦在文章结尾处留下了那句名言："我们不能说的东西，我们必须保持沉默。"换句话说，语言和人类思维与真实世界的关系是有限的。

事实证明在两次世界大战期间,《逻辑哲学论》对以维也纳大学为中心的一批学者产生了巨大影响。后来他们被视作逻辑实证主义者,他们通过将逻辑应用于哲学问题,开始揭穿他们所认为的"不可验证的"命题。然而,并不属于这个群体的维特根斯坦认为,他已经说完所有关于哲学他能说的话,或者他没有说那些他不能说的话,所以他离开了这一学科,成为一个老师、一个园丁并接受再培训成为一个建筑师,为他的妹妹在维也纳设计和建造了一座房子。

维特根斯坦的一个重要观点在他的第二部著作《哲学研究》中得到阐述,这本书追踪了他在剑桥大学第二阶段的思想转变。这种变化是,从把语言看作强加在世界上的固定结构,到把它看作是流动的、紧密地与我们的日常实践和社会生活形式息息相关的。维特根斯坦认为,语言的意义并不像他之前所宣称的那样,是一个映射现实世界逻辑形式的过程。语言的意义是由传统定义的术语衍生而来的,这些术语构成了"语言游戏",在我们的日常生活中不断上演。他写道:"在大多数情况下,一个词的意义在于它的使用。"他断言,意义不是来自词语和其本身的意义,而是它们表达的方式和使用的语境。这种交流的模式依赖于特定的语言社区,以及它们所使用的具体的传统公认术语和符号。

这种模式下的交流，包括以语言社区认可的方式使用传统术语，以及进行一种在传统上被接受的"语言游戏"。维特根斯坦的理论还涉及非口头语言、手势、动作和身体语言，并认为诸如人类不能直接与大多数动物交流的原因是，我们不理解它们的语言游戏，就像它们不理解我们的一样。

为了进一步拓展语言的使用价值，维特根斯坦区分了公共语言和私人语言。两者之间的历史区别在于，公共语言与话语中使用的语言（交流）有关，而私人语言与心灵语言（我们的内心想法）有关。维特根斯坦认为，所有的语言都是社会习得的，因此所有的语言都是某种形式的公共语言，因此私人语言并不是孤立地存在于特定的语境中。维特根斯坦用空转的轮子这个比喻来驳斥"心灵的私人语言可以独立存在"的观点："一个轮子可以转动，但没有其他东西可以跟着转动。"

古怪的维特根斯坦

在剑桥大学期间，维特根斯坦以他的聪明才智和其古怪的行为而闻名。诺曼·马尔康姆（Norman Malcolm，1911—1990）

是他的前同事、密友，也是一位数学家和哲学家，他在回忆录中生动地描述了维特根斯坦的古怪行为。这里有三个例子：

• 有一件臭名昭著的轶事，经常在维特根斯坦的追随者中引起争议，据称他曾在剑桥大学道德科学俱乐部的一次会议上用一根烧红的拨火棍威胁受人尊敬的哲学家卡尔·波普尔。

• 马尔康姆经常参加维特根斯坦的讲座。讲座一般从一个简单的前提开始，通常是维特根斯坦持反对意见的一些东西，然后逐渐偏离主题，直到他发现一些更有趣的话题。维特根斯坦时不时会突然停止说话，盯着学生们，好像在等他们中的一个人提问。在维特根斯坦再次开始讲话之前，通常会有长达二十分钟的沉默。

• 二战爆发时，刚刚被选为哲学教授的维特根斯坦被这场冲突激怒，在闪电战期间，他去盖伊医院当了一名搬运工。他的职责之一是巡视正在分发药品的病房。颇具维特根斯坦风格的是，他经常让病人就疼痛和折磨的本质进行哲学上的争论，并劝阻他们不要吃药。

为什么狗不能模拟痛苦？

当维特根斯坦对追求知识开始感到厌倦时，他的主要放松方式——除了在当地电影院看西部片——沿着河岸散步。马尔康姆注意到，当以火爆脾气和神经质著称的维特根斯坦与自然环境融为一体时，他会放松下来讲讲笑话，通常是关于哲学主题的。

有一次，维特根斯坦突然转向马尔康姆并问道："为什么狗不能假装疼痛？你认为是因为它们太诚实了吗？"维特根斯坦狡黠的玩笑并不是关于狗以及它们已被或未被验证的诚实和其他的与生俱来的心理的命题或经验真理。这是一种语言游戏，围绕着人类对"狗""痛""假装""诚实"等词的概念的理解。维特根斯坦故意将这些词置于荒谬的语境中，以质疑它们的价值。

伯特兰·罗素：逻辑原子论与摹状词理论

维特根斯坦关于语言的思想，特别是在《逻辑哲学论》中所概述的内容，得到了他的导师与朋友——伯特兰·罗素的逻辑原子论的广泛支持。

罗素的哲学方法主张，通过严谨而富有挑战性的分析，语言可以被分解成组成的部分。一旦一个句子不能再被拆解，剩下的就是它的"逻辑原子"。然后通过对构成陈述和命题的原子进行彻底检查，才能揭示基本的假设，并恰当地评估它们的真实性或有效性。

罗素在其发表的文章《论指称》中，用下面这句话来说明他的理论："现在的法国国王是秃顶。"然后罗素把这个看似简单的陈述分解成了逻辑原子。

- 现在有一位法国国王。
- 现在只有一位法国国王。
- 现在的法国国王头上已经没有头发了。

罗素知道法国在 1792 年废除了君主制，尽管经历了一些复辟时期，但自 1870 年以来法国基本上就是一个共和国。因此，第一个假设可以被认为是错误的，因为已经不存在"现在的法国国王"了；所以第二个假设也是错误的。然而，从整体上看，"现在的法国国王是秃顶"这一完整说法虽然不正确，但在传统意义上却不能被认为是完全错误的，因为相反的说法（"现在的法国国王有头发"）也同样不正确。这是因为，它的假设是建立在"现在有法国国王"的基础上，然而这是错误的。

因此，这就面临着一个哲学问题：如果一句话既不真也不假，那么它真的有任何意义吗？罗素通过他对逻辑原子论的运用，提出了一个更深层次的问题：当传统的真理和有效性概念被复杂和模糊的假设所支撑时，如何才能有意义地描述不存在的事物？

罗素认为日常生活中常见的语言使用，由于其具有误导性和充满变化的特点，无法准确地代表真理。因此，哲学探究面临的一个基本问题就是摆脱错误和假设，并在严格的数学逻辑基础上发展一种纯粹的、形式化的方法论。为了达到这个目的，罗素的理论提出了通过识别明确的描述以理解陈述的过程。

一个明确的描述就是单词、名称或短语，表示具体的个体对象或实体，如"桌子""阿道夫·希特勒"和"美国"。罗素认为，名字的意义（或语义价值）与说话者对名字的描述是相同的，但是可以用上下文中合适的描述来代替名字。然而，罗素断言只有直接引用的表达才是他所谓的"逻辑专有名称"，如"我""现在"和"这里"。罗素把人或物的专有名词，如"伦敦""大卫"或"直升机"，称作"简短而明确的描述"，它们的名称就是对这个地点、人物或物体的更详细的描述的替代。然而，"简短而明确的描述"在孤立的情况下是没有意义的，因为它们并不能被直接引用。

罗素提出了摹状词理论，作为一种方法来解决诸如"现在的法国国王是秃顶"这样的句子所带来的问题；在这种命题中，明确描述所指向的对象是模糊或不存在的，他称之为"不完整的符号"。通过将其分解为逻辑原子的方法，罗素揭示了某些陈述的真实性和有效性是如何被语法形式所掩盖的。罗素的计划是，提供一个工具箱使哲学家和语言学家能够发现隐藏在日常语言中的逻辑结构，以避免在构建论点和命题时产生歧义和悖论。

雅克・德里达：什么没有意义？

法国哲学家雅克・德里达出生于法国阿尔及利亚地区艾

尔比哈市的一个西班牙系犹太人（特指西班牙和葡萄牙的犹太民族团体）家庭。德里达的早期教育因维希政府的命令中断了，维希政府禁止犹太儿童接受正规的国家教育。

十岁时，德里达的一位老师告诉他，"法国文化不适合小犹太人"，德里达被学校开除，并被送到当地一所独立的犹太学校。然而他很少上课，大部分时间都花在阅读和踢足球上，他确实怀有成为一名职业足球运动员的抱负。在此期间，他对卢梭和尼采的哲学产生了浓厚的兴趣，前往巴黎久负盛名的巴黎高等师范学院学习哲学并于1954年获得了硕士学位。

他在世界上许多著名的大学教授哲学，包括巴黎的索邦大学、美国的耶鲁大学和约翰·霍普金斯大学，并在1967年出版了三本开创性的书：《写作与差异》《声音与现象》和《论文字学》。这些作品构成了德里达语言哲学的基石，概述了他的"解构"分析方法。

德里达的主要理论是对索绪尔所创立的语言结构主义的全盘否定。

- 他的思想主要关注在人类从对立角度思考的倾向。
- 对索绪尔来说，二元对立是"具有价值或意义的语言单位使用的手段；每个单元都是根据它不是什么而定义的"，通过这种分类，术语和概念往往与积极或消极联系在一起。这种配对包括理性与激情、男人与女人、内在与外在、存在与缺席、言语与写作等。

• 但德里达认为这些对立组合是武断的，本质上是不稳定的。或者换句话说，为什么对立的一方是积极的，另一方是消极的，而不是相反呢？

• 此外他还认为，通过"解构"这些对立，结构本身会开始融合、重叠和冲突，并从文本中解构自己。

解构主义拒绝二元对立，因为这种对立总是使一个词优于另一个词。在索绪尔的术语中，"所指"（意义）支配着"能指"（符号或标志）。在德里达的解构中，符号与意义的分离变得模糊。

德里达用"逻各斯中心主义"一词来描述他所认为的西方哲学中普遍存在的缺陷，即语言的核心是言语（speech）而不是写作。逻各斯中心主义者认为：

• 言语（speech）是意义的原始能指（符号），文字是从口语衍生而来的。

• 因此，书面文字是口头语的一种表现形式。

• 语言（language）起源于思维过程，然后产生言语（speech），而言语又生成写作。

• 逻各斯中心主义本身就是文本、思想、表达方式和符号系统的本质，它创造了对意义、存在和理解直接把握的需要。

德里达的解构主义是一种批判质疑的策略，旨在揭示哲学语言和文学语言中看似无可辩驳的形而上学假设和内在矛盾。这种方法涉及一种"实践"，即通过"解构"来阅读文本，或者寻找那些没有出现或没有说出来的东西，而不是那些明显的和固有的东西。解构主义通过拒绝"分析"和"解释"等概念，旨在揭示语言内在意义的不稳定性，以及关于语言在话语中如何运作的假设。

七 你需要知道的关于爱的哲学

爱的哲学是社会哲学的一个领域，研究不同形式爱的概念及其对人际关系的影响。从哲学上来说，爱的本质从古希腊开始，就已经是一个主要的哲学探究对象了，由此还产生了不同的理论，从与生理欲望和基因驱动密切相关的爱的物质概念，到作为个体间联结纽带的爱的精神观念——譬如人们的美德、友谊和幸福。

在神学中，人（人和物）之间存在的世俗之爱与另一种世俗之爱，即上帝对人超越性的、无条件的、对等的爱，以及人对上帝的爱，往往是有区别的。爱的哲学提出诸如这样的问题：

• 什么是爱？

• 爱人与被爱者之间的关系是什么？爱如何与义务和责任相联系？

苏格拉底：狄奥提玛之"爱的阶梯"

在柏拉图的《会饮篇》中，苏格拉底概述了一种爱的观点，他认为如果爱是物质的，那么它就由某种东西组成，如果它是由某种东西组成的，那么它就是一个被渴望的对象，因此是某种可以拥有的东西。苏格拉底接着叙述了与曼提尼亚的女祭司狄奥提玛的对话，狄奥提玛被他称为爱情方面的专家。

狄奥提玛（名字意为"受到宙斯之神的尊敬"）指出，爱的第一种形式，是由对美丽和极好事物的渴望构成的，尤其是对智慧的渴望。狄奥提玛补充说，爱不能与爱的对象混淆，而爱的对象与厄洛斯（爱本身，感官的爱和欲望之神）相反，是完美和至善的。希腊人相信厄洛斯是精神驱动的人类之爱，但这只是一个起点而并非爱本身，这只是对爱的对象的一种肤浅的占有欲。在一个著名的章节中，狄奥提玛说爱在这个意义上不是神，因为厄洛斯"实际上是贫穷和资源的孩子，总是不知满足，但总是有创造力"。

然后，狄奥提玛指导苏格拉底如何攀登 "scala amoris"
（爱的阶梯）。

• 第一步是确认并渴望一个美丽、完美的年轻人。

• 其次，从爱一个人的身体转移到认识它与其他美丽身体
所共有的品质，因此只爱一个美丽的身体是愚蠢的。这个认知
会带领我们攀上下一级阶梯。

• 一个人要通过欣赏所有的美，学会欣赏灵魂的美大于身
体的美，反过来学会爱那些灵魂美丽的人，无论他们的身体是
否也美丽。

• 意识到自己已经超越了爱的物质领域，就会理解存在于
其他领域的美，而实践、习俗和各种形式的知识也共享同一种
美。对本级阶梯的掌握，可以让个人理解和体验自身的美，而
不是各种肤浅的美。

• 简而言之，狄奥提玛的爱之阶梯是一段自我实现的旅
程，其中包含了对美的各种形态的超越，以及对美德之美的各
种显现形式的不拘泥。这表明，在这段爱与生命的旅程中，最
终目的地是达到灵魂的不朽和对神的崇敬。

亚里士多德在他的《尼各马可伦理学》中引入了一个"爱"的概念，这个概念以友谊和忠诚为核心，被他称之为"菲利亚"。

在亚里士多德看来，对"eudainonia"（幸福或快乐或充实的生活）的追求包括理性的实践，因为理性能力是人类特有的功能。但是人类的特有目标不仅是推理能力，还有形成有意义、友爱人际关系的能力。

亚里士多德认为，菲利亚通过实践平等、慷慨的精神和简单、善良等美德，将爱引导到家庭、朋友和社区之中。亚里士多德还认为，菲利亚也能以抽象和感性的方式进行实践，来描述如何能够通过艺术、诗歌和音乐之美所激发的体验和情感或自然之爱对爱进行探索。柏拉图通过将欲望（厄洛斯）、友谊（菲利亚）和哲学（对智慧的爱）融合成一种超越和转变人类存在的、单一的、全面的体验，并将其与永恒、无限和不朽的普遍真理（希腊的概念，灵性之爱或超凡脱俗的爱）联系起来，从而调和了这些立场。对柏拉图来说，真理和真实比以它们为目标的理性和爱更有价值，甚至比仅仅表现它们存在的幸福更有价值。

什么是柏拉图式的爱情？

大多数人都知道，柏拉图式的关系是一种充满深情的亲密关系，但不包含性。很少有人知道这个定义可以追溯到柏拉图和他的"形式论"。柏拉图宣称，除了在物质世界中不断涌动、要求即刻满足的性欲之外，还有真爱所追求的理想形式的美：柏拉图式的爱。

让－保罗·萨特：爱是斗争和冲突

萨特是存在主义哲学的主要支持者，他的许多文学作品包括评论文章、小说和戏剧都概述了存在主义哲学学说。他的核心思想是，人拥有无本质的"本质"，人是生而存在的，但由于上帝不存在，人类生活也就没有本质；"存在先于本质"。

萨特在他著名的文章《存在主义与人文主义》中写道："我们说存在先于本质是什么意思？意思是人首先存在，面对自己，在世界的浪潮中翻滚，然后定义自己。如果存在主义者觉得自己是无法定义的，那是因为一开始他什么都不是。"

萨特认为：

• 当人类分析他们自己的存在时，他们会发现只有"虚无"。

• 然而这种"虚无"既是一种祝福，也是一种诅咒。

• 一方面，人类可以完全自由地创造"自我"，过上自己想要的生活。另一方面，这种自由是有代价的或者说是消极的，因为没有什么可以限制我们自由。

因此，萨特在《存在与虚无》一书中断言，"被判自由的人肩负着整个世界的重担；他要对世界负责，也要对自己负责"。虽然我们每个人都是有意识的个体，但我们需要别人的认可来验证我们的本质，并"让我们是真实的"。简而言之，要创造我们的自我并感到完整，我们必须将我们的"虚无"与他人的"存在"连接起来。

在人际关系方面，萨特提出了这样一个问题，即个人如何在自我决定的自由与想要被"别人"需要以验证我们的存在的需求之间取得平衡。关于这个问题的论述如下：

• 就爱而言，寻求爱的人希望别人自由选择地爱他们。

• 萨特用特里斯坦和伊索尔德的传说作为虚假爱情的例子，因为他们并不是有意识地或自由地结合在一起。

• 问题在于，试图将他人的自由意识转化为物体，这是不可能的。我们不能像拥有一件物品那样拥有他人，因为物品无法回报我们的拥有。人们可以在情感上或物质上试图使他人依赖，但永远无法拥有他人的意识。

• 人类在人际关系中获得幸福或成功的最佳机会是，承认并允许他人的自由，尽管人类的自然愿望是"拥有"他们。

在试图将一个人作为物体占有时，人类必然会努力占有被爱者需要的意识自由，"给予爱的人想成为被爱者的'全世界'"。给予爱的人必须成为被爱者的"范围"，并向他们展现他们自由的最终边界，并希望他们能够自由地选择不再去感知。从给予爱的人的角度来看，萨特写道："我肯定不再被视为世界上的'这个'——和其他的'这个'一样，而这个世界要以我的方式展现。"

具有讽刺意味的是，萨特认为在想要掌控被爱者的自由时，给予爱的人在要求自己是被爱者存在的中心的过程中放弃了自己的自由。从这个意义上而言，给予爱的人实际的困境出现了，因为他依赖于被爱者，而这种依赖使得他们与自己的本质自由疏远："只有想要被爱的人才会仅仅因为想要别人爱'他们'而疏远'他们的'自由。"

对萨特来说浪漫关系的力量在于，将一个人的虚无状态和另一个人的存在融合在一起。虽然人类的"本质"依赖于来自"他者"的确认（否则，我们就是虚无的状态），但我们在爱情中永远没有安全感，因为在任何时刻，我们都可能不是爱人世界的中心，而是众多事物中的一个——许多"这个"中的一个"这个"。

因此，由于无法真正拥有他人的意识，爱变成了一种斗争和冲突。萨特认为，给予爱的人感到有必要被爱，但这样做会使得他通过顺从和默认从一个自由的主体变成一个对象，并且被他们所爱的人的期望所约束。萨特说，这类似于受虐狂的一种形式。另一种选择是，给予爱的人可以通过限制被爱者的自由和本质来控制他们，从而使自己成为主体，萨特认为这相当于一种虐待狂。

客体性与主体性之间的斗争，是爱情中一切冲突和未决问题的核心。人际关系是一场持续不断的战争，双方都需要感知对方的自由，并希望将对方作为一个物体拥有。如果剥夺了对方的自由，他们就不再有吸引力，爱情就"不真实"了。然而，如果他们在某种程度上不是一个物体，他们就不可能被拥有。萨特认为唯一的答案在于承认和接受他人的自由，因为这是我们能够"拥有"他们的唯一方式。

尼采论爱与女人

弗里德里希·威廉·尼采出生于普鲁士莱比锡附近的罗肯。尼采的父亲是路德教牧师，在他五岁时死于脑瘤，留下他和妹妹由母亲、祖母和两个未婚阿姨抚养。评论家们经常推测尼采对女性的复杂和矛盾的态度是受他由女性主导的成长环境的影响。

言行一致？

让－保罗·萨特在处理人际关系时，确实践行了他所宣扬的理念。1929年，他与作家西蒙娜·德·波伏娃（Simone de Beauvoir，1908—1986）相遇，两位年轻的学者成为恋人，并保持着一种开放的关系，这种关系一直持续到1980年萨特去世。

尽管两人是二十世纪最著名的"文学夫妻"之一，但他们从未结婚、同居或生过孩子。这在一定程度上是他们对各自成长过程中所认为的资产阶级价值观的反叛，但也同时是他们对自己的自由和体验的能力不施加任何虚假限制的承诺。萨特和波伏娃在彼此恋爱期间都有其他的情人，后者最著名的情人是美国小说家尼尔森·阿尔格伦，奇怪的是，波伏娃在通信中将萨特称为"我深爱的丈夫"。尽管分开居住，但这两位法国作家几乎每天都会在巴黎见面，喝咖啡、抽烟、阅读并鼓励对方的作品，这是一种认可在关系中彼此自由的模式。

在他的著作《人性的，太人性的》中，尼采通过一系列格言，以及简短、不加限定的陈述和观察，阐述了他对人类生活和人际关系的哲学观察，这种风格后来成为他作品的标志。《人性的，太人性的》收录了 680 多句格言，分为 9 个主题松散的部分，涵盖了形而上学、道德和宗教，包括了从友谊到性别研究的各种主题。尼采在他题为"女人和孩子"的章节中写道："完美的女人是比完美男人更高层次的人，也更为罕见。动物的自然科学提供了方法来证明这一说法的可能性。"这是一个奇怪的概念，让女权主义者感到困惑，因为尼采似乎在说，由于具有生育能力所以女性是一个优越的物种。

关于女性和养育孩子的心理学，尼采在第 387 条箴言中认为："有些母亲需要快乐、受人尊敬的孩子；有的需要不快乐的孩子，否则她们无法表现出作为母亲的善良。"在这句话中尼采对立和矛盾的爱是显而易见的。从道德的角度来看，所有的父母都希望他们的孩子一切都好，都渴望为他们的成就和幸福而自豪，这似乎是不言自明的。然而，正是在描述母爱时巧妙使用了"需要"一词，尼采揭示了这一矛盾。母亲真的会通过孩子来寻求自我肯定吗？为了证明自己的好而让孩子生病，这就像一种被称为"代理孟乔森症候群"的精神病，即父母故意串通一气让他们的孩子生病，这样孩子就需要他们的照顾和关注。

你可以在尼采的格言中发现他对母亲的自负的攻击，这看上去像是一种蔑视:"如果儿子的朋友特别成功,母亲很容易嫉妒他们。通常母亲爱自己胜过爱儿子本身。"因此,要看到尼采是如何论证"完美女人"是"更高层次的人类"就有问题了,除非他能够否认这种完美背后有"更加罕见"的愚蠢行径。

在男女关系这个话题上,尼采似乎采取了一种务实的态度:"能够成为最好朋友的人可能会成为最好的妻子,因为美好的婚姻是建立在友谊的天赋之上的。"对尼采来说,友谊和经历的分享可以取代身体吸引力或浪漫迷恋的需要。在某一点上,他甚至建议,在身体吸引力被抑制或消失的情况下,男性/女性的关系能更好地发挥作用:"女性可以很好地与男性建立友谊,但为了保持友谊,一点点身体上的反感肯定会对此有所帮助。"

最终尼采对婚姻的看法是,如果把浪漫的田园牧歌作为基础,婚姻是注定要失败的:"为爱而生的婚姻(所谓的爱情配对)包含父亲的错误(error)和母亲的需要(necessity)。"这句格言说明了尼采许多箴言中的内在矛盾和对立,正如在最初的德语中,尼采格言中的"necessity"写作"das Bedürfnis"。在德语中,"das Bedürfnis"可以表示渴望得到满足,而"Furchtbar"通常用于描述可怕和悲惨的情况。在尼采的很多作品中，字面上的解释是不明确的。在上面的婚姻例子中，尼采到底是在暗示那些为了爱而结婚的女人满足了一种渴望的需要，还是说她们进入了一种悲惨的境地？

尼采：不幸的爱情？

尼采的个人生活一直是现代哲学家们争论的话题。从尼采悲惨的独身生活到他放纵的双性恋生活，各种对应的理论层出不穷。多年来，人们一直认为尼采死前患上精神疾病的原因是，他经常去科隆和热那亚的妓院，结果染上了梅毒。这一理论在很大程度上遭到了现代评论家的质疑，他们更倾向于引用尼采频繁与疾病做斗争的经历，称其更类似于躁狂抑郁症的症状。虽然如此，尼采却迷上了精神分析学家西格蒙德·弗洛伊德的门徒，作家卢·安德赛斯－萨洛米（Lou Andreas-Salome，1861—1937），他曾三次向她求婚，但每次都被断然拒绝。

八 你需要知道的关于未来的哲学

二十一世纪的现代哲学大致可以分为三个领域，首先是学术哲学。作为一门学科，哲学经常被指责过于自我指摘，这是一种遗憾，因为对智慧的热爱应该与质疑我们周围世界的权利一起得到珍视和保护，这是哲学的核心。

第二种跟传播方式和大众传媒相关，一般可称为"街头哲学"。信息技术的迅速发展开辟了新的领域，使信息可以在全球迅速传播。在一个充斥着难以理解、往往毫无意义的广告词世界里，人们迫切需要谨慎、条理清晰的思维和语言。

事实上，新技术与它带来的希望和威胁一起，给关于自由的传统问题和良好社会的本质带来了压力，这些自古希腊时代起就是哲学的关注点。但技术进步也为技术本身带来了发展受阻的焦虑，因为现代监视社会充斥着数据挖掘、个性剖析和无处不在的公共监控摄像头。这些因素对个人隐私和自由的概念又会带来什么影响呢？

第三个，也许是现今最重要的领域，涉及科学和社会科学（即政治和经济）。全球变暖给人类的未来和地球的可持续发展带来了严重威胁。这就产生了各种各样的生态哲学，以解决有关世界资源分配和全球社会正义本质的紧迫问题。鉴于全球经济持续衰退，和经济相关的社会科学，特别是自由市场创造一个适合大多数人的经济的能力遭到了质疑。一些当代经济学家和哲学家质疑，一个看似以牺牲多数人利益来丰富少数人利益的体系，是否应该得到国家更大程度的干预。而另一些人则站出来捍卫这个体系。

哲学与民粹主义

最近兴起的所谓"民粹主义"，被一些人视为对全球化和自由资本主义的反弹。它实际上提出了一些有趣的哲学问题，因为它的动力似乎来自情绪化的愤怒、摘录和口号，而这些往往经不起推敲；观点以一种极端主观主义的形式被当作事实呈现。

哲学与大规模迁移

一部分政治理论家也怀疑，军事干预推翻独裁政权，或如他们经常声称的那样保护宝贵矿物资源，是否是可取和有效的，因为军事干预似乎会导致代价高昂的军事占领，并对国内经济和生活质量产生影响。这种政治、军事和经济干预的人道主义代价，直接引发了大规模移民——这是许多民粹主义政客最喜欢的问题，也是一个有着深刻道德和伦理哲学关切的问题。同样，伊斯兰武装的崛起及其对言论自由、包容性和其他自由民主价值观的影响，也是当代哲学辩论的一个源头。

哲学与医疗保健

未来哲学的另一个问题涉及医疗保健。自二十世纪中叶以来，西方民主国家的平均预期寿命稳步上升。这就出现了应对人口老龄化的问题：当前的资源供应水平可持续多久？老龄化涉及哪些道德责任？在卫生健康问题的辩论中，科学和医学发挥着作用。除此之外还有一些其他的困境，诸如安乐死问题和死亡的权利，以及基因组研究和其他医学发展的科学进步所带来的生物伦理问题。通过克隆人类胎儿来"获取"干细胞，以此实现制造多余器官的可能性，遭到了强调"生命神圣性"的政党的反对，得到了关注医学和更广泛社会利益的人的支持。随着克隆技术成功和操纵人类基因组能力的提高，生物伦理学领域可能会越来越成为未来哲学辩论的核心。

结论

未来哲学会面临许多挑战，从技术对个人和社区的影响、地球的生态保护和资源的可持续性、全球化经济的不稳定性，到科学和医学的未来发展。哲学并没有提供一个框架来为现代世界所面临的问题寻找简单的答案和解决方案，但它提供了让我们思考和做出自己判断的工具。

因此，如果人们被剥夺了评价和解释世界的能力，就失去了使世界变得更好的希望。当新的概念、理论和范式出现并挑战过去广为接受的思想和实践时，就会出现变化并产生影响。

哲学要想与现代社会保持关联，而不是被扔进一个满是古籍的图书馆中，它就必须恢复它在公共领域的原有地位，就如古代雅典的公民广场一样，当时的哲学家们聚集在那里进行活动、挑战和辩论。

我们需要清晰地思考那些真正重要的事情，而不是被纷至沓来的信息所蒙蔽。哲学需要有信心参与当今的问题，但也需要对话。哲学不能发生在真空中。

附　录

哲学术语

　　下面是为极其繁忙的人，编纂的一个简短哲学术语词典。不过需要注意一点，虽然已经尽了一切努力，为构成哲学研究和实践的"主义"和"论"提供简洁和准确的定义，但有些术语仍需大家进行解释和讨论。部分原因是因为某些思想和学派是流动的，它们随着时间的推移而发展和完善，也因为一些哲学概念就其本质而言，是抗拒或拒绝定义的。

　　哲学史上的历代思想家都采用了不同的思想，并将这些思想应用于他们在所处时代所看到的世界，从而把这些思想引向不同的方向。伊壁鸠鲁的结果论与边沁、穆勒的结果论有很大不同，就像当时盛行的文化和社会规范与古希腊和十九世纪的欧洲有很大不同一样。但我希望至少提供一个有用的方向，让我们知道在哪里可以找到更为详尽的就关键概念和思想的讨论。

原子论：有关宇宙构成的一种观点，认为自然是由"原子"和"真空"构成。原子在真空中自由运动，吸引或排斥其他原子。原子被吸引结合在一起，形成一团自然物质。不同形状、序列和体积的原子团构成了自然世界和宇宙的实体。典型代表：德谟克利特；参见幸福的哲学。

概念论：概念论哲学家驳斥超出心灵感知的特定现象的存在，并以此视角来看待普遍绝对的形而上学概念。因此，抽象的思想只存在于人们的思想中。典型代表：戈特弗里德·威廉·莱布尼茨、大卫·休谟。

结果论：一种伦理范式，其核心思想是行为的道德价值取决于行为的后果或结果。在特定情况下，道德上正确或对的行为会产生好的结果，而道德上错误的行为则会产生或隐含坏的结果。典型代表：伊壁鸠鲁、杰里米·边沁、约翰·斯图尔特·穆勒。

解构主义：二十世纪六十年代首创的一种分析文本的概念方法论。解构主义旨在揭示语言意义在不同文化形式下如何传递和被接受的内在机制。典型代表：保罗·德·曼（Paul de Man，1919—1983）、雅克·德里达；参见语言的哲学。

自然神论：一种信仰体系，相信上帝/造物主的存在，认为他是无所不在、无所不能和仁慈的。典型代表：神学对西方经院哲学的影响之大，不胜枚举；参见宗教的哲学。

道义论：哲学术语，用来分析和评价一个人的行为"对"或"错"以及行为本身，不论其历史或可能性的后果。典型代表：伊曼努尔·康德，以及过去两个世纪西方哲学发展中发生的几乎所有事情；参见伦理和道德的哲学。

决定论：这一哲学理论认为所有事件，包括道德选择，都完全由先前存在的原因决定。典型代表：基提翁的芝诺（Zeno of Citium，前332—前262）——古希腊斯多葛学派的创始人以及他的追随者。

情感主义：心理分析中经常使用的一个现代概念，它假定与行为有关的价值判断，特别是伦理判断，是由情感反应产生的，因此这些判断是主观的且不能代表事实。典型代表：查尔斯·史蒂文森（Charles Stevenson，1908—1979）、A.J. 艾耶尔（A.J. Ayer，1910—1989）。

经验主义：该理论认为所有的知识都建立在感官经验的基础上。经验主义是由实验科学的兴起所推动的，并在十七到十八世纪得到发展。典型代表：约翰·洛克、乔治·伯克利（George Berkeley，1685—1753）、大卫·休谟。

认识论：研究知识的本质和可能性，以及它是如何转化为合理的信仰，并与包括真理、信念／信仰和验证等概念的内在相关的。典型代表：勒内·笛卡尔。

存在主义：二十世纪的一种哲学理论或分析方法，强调个人作为一种自由而负责任的主体而存在，通过意志的行为来塑造自己的发展。典型代表：索伦·克尔凯郭尔、弗里德里希·威廉·尼采、让－保罗·萨特、阿尔贝·加缪（Albert

Camus，1913—1960）；参见爱的哲学。

唯心主义：哲学思想的特定体系，该体系认为知识的对象在某种程度上依赖于思维活动。典型代表：伊曼努尔·康德、亚瑟·叔本华（Arthur Schopenhauer，1788—1860）、弗里德里希·威廉·尼采。

逻辑实证主义：二十世纪二十年代由维也纳学派发展起来的一场哲学运动，它提倡科学知识是唯一的事实知识，所有传统的形而上学学说都应被视为毫无意义的而予以摒弃。典型代表：路德维希·维特根斯坦、卡尔·波普尔、A.J.艾耶尔；参见科学的哲学。

唯物论：该理论或信仰认为除了物质及其运动和变化之外，没有任何其他东西存在。典型代表：托马斯·霍布斯、卡尔·马克思（Karl Marx，1818—1883）、吉尔·德勒兹（Gilles Deleuze，1925—1995）。

元哲学：对哲学本质的考察。典型代表：路德维希·维特根斯坦。

形而上学：研究事物本质的哲学分支。这个词来源于希腊语"超越自然"的意思。形而上学研究的典型领域包括实体、成为、存在和现实的问题。典型代表：亚里士多德将形而上学定义为"事物的第一原因和原则"，从这个意义上说，从苏格拉底开始的所有哲学家，在某种程度上，都是形而上学探究的倡导者。

一元论：形而上学和神学的观点，认为一切都是一个整体，没有根本的分裂，是由一套统一的法则支撑着自然的所有。典型代表：爱菲斯的赫拉克利特（Heraclitus of Ephesus，约前535—前475）、以利亚的巴门尼德（Parmenides of Elea，生卒年不详）、戈特弗里德·威廉·莱布尼茨、格奥尔格·威廉·黑格尔、亚瑟·叔本华。

自然主义：认为自然世界之外不存在任何东西，否认超自然或精神上的解释。它侧重于从对自然规律的观察中得出解释。典型代表：保罗·库尔茨（Paul Kurtz，1925—2012）、罗伊·伍德·塞拉斯（Roy Wood Sellars，1880—1973）。

唯名论：形而上学中的一种哲学观点，否认普遍和抽象对象的存在，但肯定普遍或抽象术语的存在。典型代表：奥卡姆的威廉（William of Ockham，1285—1347）、托马斯·霍布斯。

本体论：形而上学的领域（见唯名论），考察存在的本质、首要原则，挖掘存在事物的本质。典型代表：伯纳德·布尔查诺（Bernard Bolzano，1781—1848）、弗朗兹·布伦塔诺（Franz Brentano，1838—1917）、戈特洛布·弗雷格。

泛神论：相信神性遍及和渗透到宇宙的每一个部分，并超越时间和空间。上帝与宇宙是同一的，或者说宇宙是上帝的显现，使上帝与自然合而为一。典型代表：巴鲁赫·斯宾诺莎（Baruch Spinoza，1632—1677）。

透视论：是一种哲学立场，只有通过自己的视角和解释，我们才能通过感知、经验和理性进入世界。因此，有许多可能的概念模式或观点可以用以判断真理或价值。典型代表：弗里德里希·威廉·尼采。

现象论：该观点认为物理对象不能被合理地认为存在于它们自己之中，而只能是作为位于时间和空间中的知觉现象或感觉数据而存在。典型代表：约翰·斯图尔特·密尔。

后现代主义：二十世纪末的一场包括艺术、文学、建筑和哲学在内的自由运动。这在很大程度上是一种自觉的运动，混合了不同的流派和形式。在哲学上，后现代主义与后结构主义有关，涉及精神分析、性别研究、文学、话语分析和思想史等领域。典型代表：罗兰·巴特（Roland Barthes，1915—1980）、米歇尔·福柯、雅克·德里达。

理性主义：认为理性，而不是经验，是知识中确信的基础，理性主义主张认识论观点，认为理性是知识的主要来源和检验。典型代表：毕达哥拉斯（Pythagoras，前570—前495）、柏拉图、亚里士多德、勒内·笛卡尔等。

现实主义：它适用于已知或可感知到的事物，这种存在或本质独立于任何人是否在思考或感知它们，因此在本体论上独立于某人的概念想法。典型代表：大卫·休谟、伯特兰·罗素、G.E.摩尔（G.E. Moore，1873—1958）。

相对主义：这一学说认为没有绝对的真理，例如，真理对于某些特定参照而言是相对的，如语言、文化或历史背景，因此不是绝对的。典型代表：保罗·费耶阿本德。

唯我论：一种极端的怀疑主义，它否认除自身存在以外的任何知识的可能性。典型代表：勒内·笛卡尔、乔治·伯克利。

结构主义：二十世纪人文和社会科学中的一种方法论理论，它意味着必须通过与更广泛的、包罗万象的系统或结构的关系来理解人类文化的要素。结构主义旨在揭示在人类行为、思维、感知和感觉之下的基础结构。典型代表：费迪南·德·索绪尔、罗曼·雅各布森（Roman Jacobson，1896—1982）、克洛德·列维–斯特劳斯（Claude Levi-Strauss，1908—2009）。

主观主义：知识就是主观的，没有外在或客观的真理。在伦理学中，主观主义是一种元伦理信仰，认为伦理命题可以归结为关于个人态度或习俗的事实陈述，或者任何伦理陈述都暗示着某人所持有的态度。典型代表：勒内·笛卡尔、索伦·克尔凯郭尔。

目的论：是关于最终因果关系的原则，指的是根据某种目的、结果、目标或功能来解释现象。典型代表：亚里士多德。

功利主义：十九世纪的一种哲学立场，它根据一种行为的"效用"以及它使大多数人受益的程度来决定这种行为的"正确性"。典型代表：杰里米·边沁、约翰·斯图尔特·密尔。

索 引^①

---

① 本索引中标注的页码均为英文原著的页码。

C

图书在版编目（CIP）数据

给快节奏时代的简单哲学 /（英）阿兰·斯蒂芬著；
王亚庆译. -- 成都：四川文艺出版社，2020.2
ISBN 978-7-5411-5595-6

Ⅰ.①给… Ⅱ.①阿… ②王… Ⅲ.①哲学—通俗读
物 Ⅳ.① B-49

中国版本图书馆 CIP 数据核字 (2019) 第 290143 号

著作权合同登记号 图进字：21-2019-548

PHILOSOPHY FOR BUSY PEOPLE by Alain Stephen.
First published in Great Britain in 2019 by Michael O'Mara Books Limited,
9 Lion Yard Tremadoc Road, London SW4 7NQ. Copyright © Michael
O'Mara Books Limited 2019. All rights reserved.

GEI KUAIJIEZOU SHIDAI DE JIANDAN ZHEXUE
给快节奏时代的简单哲学

[英] 阿兰·斯蒂芬 著

王亚庆 译

出 品 人	张庆宁
出版统筹	刘运东
特约策划	刘思懿
特约监制	刘思懿
责任编辑	陈雪媛
特约编辑	郑淑宁　申惠妍
封面设计	ABOOK-安柒然
责任校对	汪 平

出版发行　四川文艺出版社（成都市槐树街2号）
网　　址　www.scwys.com
电　　话　028—86259287（发行部）　028—86259303（编辑部）
传　　真　028—86259306

邮购地址　成都市槐树街2号四川文艺出版社邮购部　610031
印　　刷　三河市海新印务有限公司
成品尺寸　145mm×210mm　　　　开　本　32开
印　　张　6.5　　　　　　　　　　字　数　100千字
版　　次　2020年2月第一版　　　印　次　2020年2月第一次印刷
书　　号　ISBN 978-7-5411-5595-6
定　　价　39.80元